旅戀日本岡山 附山陰地區

悠遊桃太郎故鄉

感受時光倒流懷古之風，彩風吹拂、魅力滿載風景探訪

悠久的歷史文化背景
看不盡的自然風光
吃不完的珍饈美食

文字/李思嫻　攝影/蔡育岱　設計/楊士瑤

推薦序 | 鄉土作家 蔡文章 教授 |

　　旅行是引人入勝、讓人盼望、有所期待的，對我而言，那是邂逅旅途中的美好與感動。

　　在日本，我的旅行是從京都開始，然後延伸至大阪、東京等大都會，藉由這些城市的美食、文化、古蹟、景致，感受這幾個日本第一線城市都會有其不同的風情與特色；廿年後的今日，我旅行的觸角，不在這些觀光客充斥的大都會，而是較自然、鄉土、有山有海，能讓我休憩、放鬆、犒賞心情、眼界的第二線城市，其中岡山市是我較佳的選擇。

　　我曾經說，如果把日本與台灣幾座第一線的都會對照做個比喻，東京就是台北，大阪類似高雄，京都當然是台南；而日本的第二線岡山就是嘉義或屏東，嘉義有台灣指標的阿里山風景區、屏東有墾丁森林公園，這兩座國家級的旅遊勝地，都是觀光客嚮往之處；而日本岡山地區也同樣有藍天碧海、青山疊翠、田野平疇、森林霧嵐、蜿蜒溪流、古典農漁村，更有「桃太郎」傳說故事，絕美的地理環境與人文風情，裝扮出岡山地區自然浪漫之亮麗圖騰。也因為岡山地區有獨特迷人的風貌，而參加旅行團者在岡山地區走馬看花也大抵僅限於岡山城、後樂園、倉敷等幾個景點，作者有鑑於此特闢旅遊專書《旅戀日本岡山：附山陰地區》，以岡山市為中心點，輔以桃太郎傳說，搭配「關西廣域鐵路周遊5日卷」以及「山陰＆岡山地區鐵路周遊4日卷」（替旅人省荷包）做一個完整的旅遊規畫，包括整個岡山縣，另外「山陰地區」因連接在岡山縣北方，也特別介紹幾個重要景點，進行以岡山為中心的放射線玩法。

徜徉在日本岡山地區，處處都能帶來驚喜，除了沉浸在好山好水能舒放身心外，也可整理思緒，藉由這本《旅戀日本岡山：附山陰地區》文化地圖的導引，走入遼闊寬廣的新天地，讓心、眼、感都鮮活起來，時時綻放愉悅的容顏，感覺到日本岡山不虛此行。

　　目前在坊間出版的日本旅遊專書，以第一線的東京、大阪、京都最多，第二線較缺，而本書是最完整介紹岡山地區的旅遊手冊，也是一本最佳的自助旅行的必備工具。作者有外交專才，對人、事、物、地、景的觀點有獨到之處。本書以重要景點、自然風光、美食、藝術文化、史蹟與購物指南為書寫對象，讓讀者進一步、更深入地去認識、瞭解、體會岡山地區的美好，是一本值得推薦的佳構。

作者序

　　因緣際會之下，有幸跟隨外子至日本國立岡山大學進行學術研究，短暫旅居岡山的經驗，加上外子故鄉為高雄岡山，雖不曾去過，卻也有親切之感，使我對於這個城市由陌生到熟悉，進而喜愛，因而萌發書寫念頭。

　　日本岡山地區被列為日本人退休後最想居住的城市之一，整體城市建設在近幾年有很大變化，是我們意料之外的。尤其這邊政府正努力推廣觀光，每處的觀光案內所均規畫得非常詳細，我自己深覺這是個值得開發的好地方，華人團體觀光客不多，頂多駐足倉敷或繞道岡山市區，此區雖為旅遊小眾，但風光名勝並不亞於日本其他大都會。

　　事實上岡山地區所有的旅遊路線，可完全只靠一張「關西廣域鐵路周遊5日券」即可走透透，這是日本政府為推動中國地區觀光所提供的便利措施，在範圍內的JR鐵路皆可無限制乘坐，可以提供讀者規畫3～7天不等的行程建議，這邊的觀光推廣有注意到「二次交通」的難題，因此有提供一些外國人專案，相當難得，這些也是我主要想分享的。

　　本書主要針對走膩、厭倦充斥滿山滿谷觀光客的大都會，開闢另一旅遊新天地，提供另一種舒適、自然、價格合理的旅遊選擇。以岡山市為心臟，輔以桃太郎傳說，搭配「關西廣域鐵路周遊5日券」以及「山陰＆岡山地區鐵路周遊4日券」做一放射狀的旅遊規畫。這些地區包括：岡山縣的岡山市、倉敷市、兒島、瀨戶大橋、津山市、高梁市，以及桃太郎傳說發源地吉備津；山陰地區則簡介鳥取、倉吉、境港、松江、出雲等重要著名景點。此工具書主要以上述景點做為區域劃分，介紹岡山地區的景點、自然風光、美食、藝術文化、工藝與購物指南，使有興趣前往的讀者能認識岡山的歷史變遷、文化設施以及豐富的自然風光。

　　本書能夠順利完成，外子蔡育岱教授忙碌的研究工作之餘，還要被我拉著跑，只為幫助我完成任務，功不可沒；當然還有眾多好友相挺，岡山大學林彥宏博士在我們訪日期間，帶著我們上山下海分享岡山動人的一切；岡山大學法學院黑神直純教授與夫人多次設宴款待與旅遊景點的建議；政大日本研究學程學妹梁瑩騏在翻譯日文資料上的協助；以及摯友士瑤毫不猶豫地接下繁複的美編工作。最後，特別感謝太雅出版社總編輯、主編與編輯的支持與愛護，非常謝謝你們。

作者簡介 ｜ 李思嫻 ｜

　　國立政治大學外交學系博士，專長為國際關係，現為大學助理教授。喜歡創作與旅行，透過閱讀增長知識，藉由旅行增廣見聞，而「旅行就是最好的閱讀」。

　　因旅居日本岡山，而愛上這裡，自覺喜愛旅遊日本的台灣人不知道就太可惜了，因而萌發書寫念頭，回台後，於寫作期間往返數十趟，產生了一種歸屬感，每每與日本岡山友人相聚，他們總是疑惑為何喜愛日本旅遊的台灣人，甚少踏足岡山這個好地方呢？在我心中日本岡山如同第二個家鄉，想告訴大家，一定要親身來體驗岡山的田園風光。

▌目錄▐

岡山地區

全書地圖

岡山歷史與行前提要

享受四季豐富優美的自然景色
在尋幽探古的街道行走
遇見笑容與感動
即刻出發一起來場岡山感動之旅

認識岡山

■ 地理位置 ■

　　岡山縣位於日本中國地區的中央位置，北面鄰接以中國山地為界的山陰地區，南部連接以瀨戶內海為間隔的四國地區，東西位於縱貫西日本山陽線，也就是兵庫縣和廣島縣之間的中央位置。岡山長久以來就是中國地區的交通要道，文化和產業發達，古代生產備前燒和日本刀（備前長船），近代則發展纖維產業和水島工業地帶而繁榮起來。目前整個岡山縣約300萬人口，岡山市是岡山縣的行政中心，約有70萬人口。

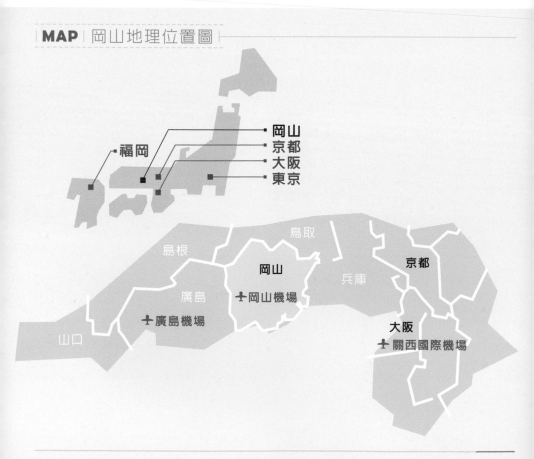

MAP｜岡山地理位置圖

福岡　岡山　京都　大阪　東京

島根　鳥取

廣島　岡山　兵庫　京都

+廣島機場　+岡山機場

山口

大阪
+關西國際機場

▌氣候 ▌

全年雨量少，氣候溫和。
冬天少積雪、夏天不暴雨。

月分	Jan	Feb	Mar	Apr	May	Jun	Jul	Aug	Sep	Oct	Nov	Dec
日平均最高溫°C	9.6	9.5	14.1	19.5	25.5	28	31.8	30.6	28.2	22.6	17.4	9.3
日平均最低溫°C	1.3	1.9	5.1	9.2	14.6	20.3	24	24.4	19.9	14.6	9.3	2.1

▌四季美景 ▌

「晴天王國」之美譽

　　岡山縣北部有許多山脈和溫泉，南部延伸到陽光閃爍的瀨戶內海，構成了多島嶼的美景。同時，吉井川、旭川與高梁川3條河流提供了優質豐富的水源，這些豐富的海洋、山脈、河流的自然條件，氣候溫暖宜人，並且晴日甚多，自然災害少，因此，岡山縣自然而然地被稱為「晴天王國」了。

春天：津山城遺址鶴山公園是西日本著名賞櫻景點之一，到了春天約有1000棵櫻花綻放，使遊客大飽眼福。舉世聞名的瀨戶大橋是世界第一長的公路鐵路並用橋，位在兒島南端的鷲羽山是鳥瞰整個瀨戶內海的瞭望台，雄偉橋姿與海景堪稱一絕。

夏天：吉備路田園風光，悠然自得的田園風景與五重塔是此地區首要代表景點；還有日本三大名園之一的後樂園，於夏日夜間才舉辦的幻想庭園活動，庭園在燈光烘托下更顯漂亮。

秋天：倉敷美觀地區，櫛比鱗次美麗白牆民家，映照在河面的白牆及楊樹深受遊客喜愛。

冬天：到著名的美作三湯享受溫泉之旅。

▊區域介紹▊

　　感觸古老街景深有情趣，許多反映歷史和風土人情的風景遍布岡山。眾多「故鄉村」或「街道保存地區」等也可親身感受歷史的薰陶。

　　古代時岡山縣分成備前、備中、美作3個國家。目前岡山縣東南部稱為「備前地區」，著名景點岡山後樂園與岡山城即位於此；西部則是「備中地區」，如倉敷美觀地區、瀨戶大橋、吉備路、備中松山城等名勝皆在此；位於北部的「美作地區」則包括津山城、蒜山高原等，湯原溫泉、湯鄉溫泉和奧津溫泉是知名溫泉聖地，有「美作三湯」之稱。

備前地區：岡山市、備前市、赤磐市、玉野市、和氣町、吉備中央町
備中地區：倉敷市、總社市、瀨戶內市、高梁市、新見市、矢掛町
美作地區：津山市、真庭市、美作市

MAP 岡山縣區域圖

■岡山放射式玩法 ■

　　岡山縣位於日本中國地區的中間位置，無論是前往山陽、山陰或關西地區，都相當方便，加上岡山市飯店住宿價位親民，建議自助旅行者可以規畫以岡山為據點的1～2日遊，用JR票券即可無限搭乘新幹線與JR列車，暢遊鄰近縣市。

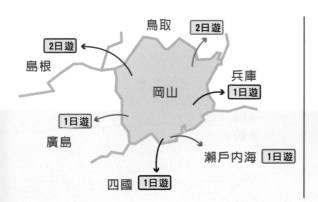

適合1日遊
岡山→兵庫縣
岡山→瀨戶內海跳島遊
岡山→四國高松
岡山→廣島縣

適合2日遊
岡山→鳥取縣
岡山→島根縣

岡山交通速覽

■對外交通 ■

　　岡山縣是西日本的交通樞紐中心，交通路線東西南北四通八達，位於周遊京都、大阪、廣島知名觀光區的中間點，也是中國地區與四國地區交通的交叉要點，南部可直通四國、九州；北部則是通往山陰的捷徑。若是搭乘新幹線，從新大阪車站出發約 40 分鐘；距離京都約1小時；前往廣島約35分鐘。

▊ 從關西機場到岡山 ▊

　　目前台灣僅有虎航提供飛往岡山機場的定點固定班機，抵達後於機場
2號乘車處，轉搭機場接駁巴士，抵達JR岡山車站西口，車程約30分鐘，
回程於車站西口巴士總站21號乘車處，前往機場。相較之下，從關西機場
前往岡山，仍是目前最方便的交通方式。只要拿著「關西廣域鐵路周遊5
日券」，從關西機場開始，到岡山途中、岡山縣內任一地點，皆可搭乘
Jr列車，無需再額外付費，相當超值，以新大阪至岡山新幹線為例，單程
為7,500円，好好精打細算絕對可以發揮最大效益。

MAP 搭新幹線前往岡山路線圖

◀ To Hakata Hiroshima　博多.廣島 方面行

由關西空港搭乘特急列車Haruka至新大阪，約50分 ◀──────

| Okayama | Himeji | Shin-Kobe | Shin-Osaka | Kyoto |
| 岡山 | 姬路 | 新神戶 | 新大阪 | 京都 |

Tennoji
天王寺

Kurashiki
倉敷

──────▶ 由新大阪搭乘山陽新幹線至岡山，約45分

Kansai-Airport
關西空港

▤▤▤▤ 山陽新幹線
───── 關西機場特級列車 Haruka

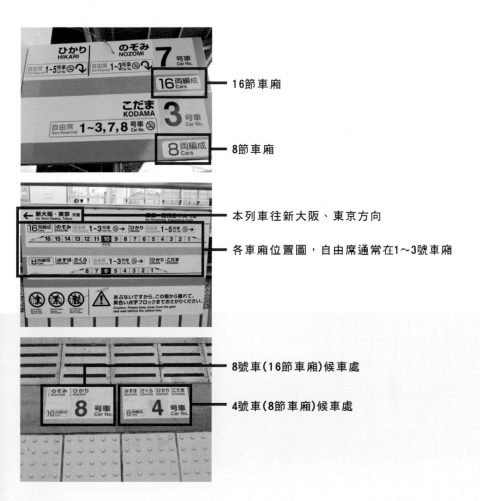

16節車廂

8節車廂

本列車往新大阪、東京方向

各車廂位置圖，自由席通常在1～3號車廂

8號車(16節車廂)候車處

4號車(8節車廂)候車處

注意 1

　　由東京出發的東海道新幹線過了新大阪後，就接到山陽新幹線，分為16節與8節車廂兩種，自由席通常在1～3號車廂，需前往排隊。要注意的是，16節車和8節車的自由席車廂排隊的地方不同，要注意看地上的標誌，16節車標示為黃色、8節車標示為綠色；另外，記下新幹線停留的站數，將能更快速到達目的地。

注意 2

　　由於新幹線頭尾車廂距離非常遠，進入新幹線月台時，建議先察看說明牌，確認自由席1～3號車廂要往哪個方向走，避免多走冤枉路。

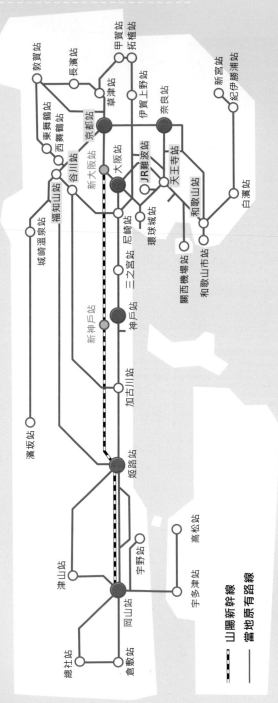

山陽新幹線
當地原有路線

▌關西廣域鐵路周遊券 ▌

▬ 如何使用 ▬

1. **使用範圍**：大阪、京都、神戶、岡山、四國高松、北近畿、南紀區域。
2. **購買資格**：具有符合「短期居留」之居留資格的外國旅客。
3. 在有效區域內(見P.18)無限次數搭乘，可以連續使用5天。
4. 成人最多可免費攜2名幼兒(1～5歲)一起使用。

▬ 購買方式 ▬

1. 日本當地購買：進入日本後，於JR車站的綠色窗口現場購買，票價較為昂貴，且每人僅限購買一次。
2. 事先至JR西日本網站預約：列印預約成功時收到的「預約申請完成」證明，網路受理預約時間自預計開始使用日之27天前起至2天前為止。
3. 事先於日本授權的臺灣旅行社購買：旅行社會寄發Exchange Order，收到時請詳細檢查兌換券上的英文姓名是否正確，請攜帶此兌換券至日本。此種方式的好處是不受僅能購買一次的限制，若停留期較長，可事先購買所需份數，從開始使用日期一個月前即可購買。

▬ 可搭乘列車 ▬

1. 山陽新幹線「新大阪 ←→ 岡山」（自由席）
2. 特急列車：「HARUKA、KUROSHIO、THUNDERBIRD、KOUNOTORI、SUPER HA-KUTO（京都 ←→ 上郡）」的自由席
3. JR西日本「在來線」（LOCAL LINE）的新快車（新快速）、快車（快速）和當地列車（普通列車）
4. 乘坐臥舖列車或指定席車廂，需加收費用

▬ 超過新大阪、岡山之後的新幹線不可搭乘 ▬

1. 東海道新幹線（新大阪 ←→ 京都、東京），都不可搭乘新幹線，如果要前往京都必須在新大阪轉搭乘JR系統的其他列車（特急或在來線列車）。
2. 山陽新幹線（岡山 ←→ 博多）
3. 九州新幹線（博多 ←→ 鹿兒島中央）

■ 購買、兌換窗口 ■

1. 日本當地購買：

· 購買時出示護照與填寫申請表，並
告知售票人員開通日期，以現金或
信用卡付款購買。

· 可購買窗口：敦賀、京都、新大阪
、大阪、神戶、新神戶、三之宮、
姬路、二條、宇治、嵯峨嵐山、京
橋、鶴橋、天王寺、新今宮、弁天
町、西九條、關西機場、奈良、JR
難波、和歌山、豐岡、城崎溫泉、
福知山、西舞鶴、東舞鶴、岡山JR
車站之綠色窗口。

2. 網路預約者：

· 出示預訂完成通知證明或預訂編號
，以及護照並填寫申請表，並告知
售票人員開通日期，以現金或信用
卡付款。

· 可兌換窗口：關西機場、京都、新
大阪、大阪JR車站之綠色窗口。

3. 臺灣旅行社事先購買者：

· 出示兌換券與護照、填寫申請表，
並告知售票人員開通日期。

· 可兌換窗口：京都、新大阪、大阪
、三之宮、關西機場、奈良、和歌
山、豐岡、城崎溫泉、福知山、西
舞鶴、東舞鶴、岡山JR車站之綠色
窗口。

▲ 關西廣域鐵路周遊票券

▲ 台灣旅行社寄發之Exchange Order（外）

▲ 台灣旅行社寄發之Exchange Order（內）

■ 使用方式 ■

1. 持此周遊券車票放入自動驗票機通過即可，請記得取回車票。
2. 無自動驗票口的車站以及四國地區的高松站，須改走人工改匝口通過，向車站人員出示鐵路周遊券，以及護照備查。

■ 票價 ■

	日本當地購買	台灣事先購買或預定
成人	9,000円	8,500円
小孩	4,500円	4,250円

＊以上資料時有異動，以現場或官方最新公告為準。

桃太郎歷史傳說

■ 古代吉備國特有的繁榮 ■■

　　在彌生、古墳時代，流傳著受惠於平穩的瀨戶內海與溫暖氣候，以岡山縣為中心的吉備國得以繁榮興盛的說法。吉備國包含現在的岡山縣全部、廣島縣東部、香川縣島嶼，到兵庫縣西部，是少數由數個縣所構成的「地方國家」。雖是地方國家，但其建造了造山古墳等巨大的前方後萬墳，顯現吉備國足以與近畿的大和朝廷匹敵的強大勢力。到了雄略天皇時代，日本書紀或古事記有反覆記載「吉備上道臣田狹之亂」等吉備勢力鎮壓的史事。雄略天皇死後，吉備稚媛與雄略天皇所生的皇子星川起亂也遭到鎮壓，各自的勢力被削弱，最後被大和政權併吞。而後吉備國則分割為備前、備中、美作、備後4大區。

■ 繁榮盛景延至中世紀 ■■

　　古代吉備國與出雲、大和、九州並列繁榮之區，歷經備前燒與備前刀等獨特工藝技術開發的平安時代，進入群雄割據的戰國時代，刻劃出許多令人玩味的歷史。

▲ 當地水溝蓋

　　隨著古代日本國家統一，吉備國被納入中央大和政權，其中在大和政權任官，承襲吉備家血脈的賀陽氏或吉備真備等官僚逐漸嶄露頭角，連帶影響故鄉，吉備地方在中世紀更加蓬勃發展。奈良平安時代，為國家奉獻良多的和氣清麻呂，其出身地，也就是現在的和氣町，留下「大政」、「郡衛」、「驛家」等地名，都是以前相當有名的交通要塞。鎌倉時代，首位將茶樹帶到日本並發揚光大的榮西禪師，是吉備賀陽氏的後裔，吉備津宮神官之子。

　　在吉井川下游的備前福岡周邊，由於最上游的中國山地沖刷，帶來豐富的鐵砂與鋼，為當地的刀鍛冶產業立下根基，「福岡之市」成為少數能與京都、大阪並列的繁榮的西國之都。

　　國寶《一遍上人繪傳》所描繪的城市裡，對於備前燒大甕與托缽的強韌有高度的評價。從那時起，備前燒便開始在全國流通。從室町到戰國時代的武將們，也在備前福岡裡寫下許多軼事。讓我們跟著悠遠的故事與濃烈的浪漫情懷，展開岡山的旅程。

從傳說到神話─桃太郎打鬼

　　著名的神話故事「桃太郎」出現於室町時代，故事的雛型在日本各地眾說紛紜，其中只有岡山流傳的，吉備津彥討伐溫羅的說法最具說服力。被喻為桃太郎原型的吉備津彥，是大和朝廷為了支配吉備國所派遣安置的將軍，其手下犬飼健、樂樂森彥、留玉臣則分別被喻為桃太郎身旁的狗、猴子、雉雞。另一方面，鬼怪溫羅身長1丈4尺，相當於4.2公尺，紅髮紅鬍子、眼睛炯炯有神、長相異於常人，則以鬼城為據點，長期擾民。

　　這個來自國外的鬼神溫羅，到底是何方神聖？3～4世紀時期，中國的漢朝滅亡，歷經魏、蜀、吳三國時代，成立了五胡十六國。而朝鮮半島則有高句麗、辰韓（之後的新羅）、馬韓（之後的百濟）、弁韓（之後的任那），政情動盪之下，許多朝鮮人來到倭國（日本）。其中，百濟的工子與其他自稱溫羅的朝鮮人自成一技術者團體，將他們擅長的製鐵與造船技術傳給吉備國的人民，協助促進當地繁榮。對於當初以近畿地區為中心，將勢力向外擴張的大和朝廷而言，「溫羅集團」的存在無疑是一大威脅，如同強而有力的鬼怪一般。這也是桃太郎神話與東亞歷史的小小連結。

▲ 四道將軍的「吉備津彥命」

▲ 溫羅＝打鬼民間故事與桃太郎傳說

點亮岡山的慶典

■ 岡山桃太郎祭典 ■

　　古老華麗又熱鬧的盛夏饗宴，搭配夏季文化的娛樂活動，在岡山市中心旭川一帶舉行的納涼花火大會，是縣內最大規模的年度盛事，4,000發的煙火點亮美麗的夜空，岡山城是觀賞煙火的最佳制高點；另外還有溫羅舞會，由溫羅鬼怪傳說為腳本，大家裝扮成桃太郎故事中的溫羅鬼怪，畫上風格強烈的溫羅臉妝與祭典裝扮，隨著以人類與鬼怪「共生與融合」為主題的「うらじゃ」（U-RA-JYA）樂曲手舞足蹈，氣氛相當熱絡，觀光客也能一起共舞同樂喔！

全年特色祭典

月分	時間	祭典活動名稱
1月	1日	烏城初夢節暨新年慶祝活動
	1～3日	吉備津神社搗年糕、射箭驅邪儀式
3月	中旬	倉敷音樂節
	每週六	倉敷春宵燈節
4月	上旬	旭川櫻花道、岡山櫻花嘉年華
	上旬	春季櫻花季
	上旬	岡山桃太郎祭（溫羅舞會與納涼煙火大會）
8月	1～31日	後樂園夏日晚間幻想庭園
	1～31日	烏城燈源鄉（以LED燈籠點綴岡山城）
10月	上旬	秋季岡山桃太郎祭
11月	上旬	後樂園秋日幻想庭園
12月	下旬	秋季烏城燈源鄉
	1～25日	桃太郎奇幻燈會

＊以上資料時有異動，以現場或官方最新公告為準。

①③ 烏城燈源鄉 / **②** 桃太郎祭，民眾進行溫羅鬼怪裝扮

▌倉敷春宵燈節 ▌

以和傘裝飾倉敷河畔，將倉敷美觀地區演繹出不一樣的夜色，方形紙罩座燈照亮白壁街道，呈現夢幻般的景色。

▌烏城燈源鄉 ▌

欣賞在夜間被燈光照亮的漆黑岡山城。在燈源鄉開辦期間，岡山城天守閣也實施夜間營業。

旅行小抄
「桃太郎紀念戳章收集」活動開始！

岡山縣針對購買西日本JR「外國人優惠券」的遊客，提供桃太郎紀念戳章收集活動。首先在岡山車站新幹線剪票口索取活動手冊，然後訪遊岡山縣各主要觀光地，收集該處的戳章（共8種），再到車站地下一樓的桃太郎觀光中心兌換，除了可以獲贈一枚鋁製徽章，還可根據戳章的數量，換取特製桃太郎紀念品。

岡山伴手禮照過來

　　岡山縣受惠於瀨戶內海的陽光，氣候溫暖，是日本雨量最少的地區，所以適合葡萄、桃等水果的栽培。豐饒的大地以及達人的精良技術，使得岡山名產遠近馳名，如新鮮海產、鮮嫩千屋牛、甜度破表的水果等，不來嚐嚐就太可惜囉！

水果王國

　　素有「水果王國」之稱的岡山，自古以來農業相當發達，當地溫暖的氣候使得白桃、無籽葡萄產量豐碩、美味可口，甜度、香氣、味道皆為頂級品質。最具人氣的莫過於桃太郎葡萄（別稱「瀨戶巨人」），是連皮可食的高級黃綠色無籽葡萄。來到岡山請盡情享受晴空王國的水果與農產品！

水果產季表　　※4～11月為岡山水果產季最豐、最集中的月分

	Apr	May	Jun	Jul	Aug	Sep	Oct	Nov	Dec	Jan	Feb	Mar
白桃				●	●							
黃金桃					●	●						
麝香葡萄		●	●	●	●	●	●	●				
比歐內葡萄	●	●	●	●	●	●	●	●				
梨							●	●	●	●		
草莓	●	●							●	●	●	●
哈密瓜	●	●	●	●	●	●	●	●				

◼ 白桃 ◼

全國生產量第一
有「日本第一美味」之稱
岡山白桃是岡山縣特產品
香氣四溢
顏色嬌美　果肉細密
咬一口立即感受
甜度破表的濃郁果汁
味道令人讚不絕口
仔細包裹的白桃
可見其栽種培育時的費時用心
不僅深受國內外喜愛
每到夏季更是成為禮品的首選

■ 葡萄 ■

除了聞名遐邇的白桃
享受溫暖氣候而生的岡山葡萄有許多品種
風味清爽的亞歷山大麝香綠葡萄
全國市占率高達九成

其顏色翠綠　有著香醇濃郁的好滋味
一口大小剛好連皮吃
在嘴中散發出濃厚甘甜與豐富香氣

比歐內紫葡萄亦是上品
大粒無籽　口感酸甜適中
產量居日本全國第一
岡山商工會議所的「水果自助吧in岡山」活動
正是以「水果王國」之美名
推廣岡山多采多姿的樣貌

■ **草莓** ■

岡山是日本草莓主要產地之一
外觀飽滿又鮮紅
水嫩口感 酸甜適中
岡山草莓是冬季特產
年底造訪的旅客 不可錯過喔

■ **果凍** ■

為了全年都能品嘗水果美味
有很多以岡山特產水果所做的食品
GOHOBI果凍條就是其中之一
色彩繽紛 富含膠原蛋白
是岡山地區獨家人氣點心
在岡山車站及倉敷等地都有專賣店

■ **哈密瓜** ■

以足守地區為中心所專產的哈密瓜
用「Earls Favorite伯爵最愛」為主體
是一款栽種困難但香氣濃郁的原生種

■ 水果聖代 ■■■

打著「水果聖代之城岡山」的旗號
當地百貨公司賣場、餐廳、咖啡店等
都有大量使用白桃、葡萄、哈蜜瓜等當季水果
所製成的獨創水果聖代，值得品嘗

以白桃搭配當地知名安富牧場牛乳
白桃霜淇淋口感綿密
難以言喻的絕妙好滋味
一定要試試看

■ 銘菓百選 ■

JR岡山車站的銘菓百選
陳列著岡山人最愛的各式伴手禮

◀ 吉兆源庵白桃餅

◀ 岡山北部「蒜山高原」巧克力
　只要嘗過一口
　就會愛不釋手

◀ 著名饅頭
　純米製成的大手饅頭

安政三年創業
廣榮堂本店

廣榮堂本店　　元

■ 代表性銘菓「吉備糰子」 ■

「吉備糰子」出自桃太郎的故事
岡山為古代的吉備（きび）國
顧名思義，這裡盛產玉米（きび）
因此以前的糰子多以玉米做成
故「吉備糰子」也可說是岡山大地的恩賜
1856年廣榮堂本店第一代
使用糯米、麥芽糖與玉米
將「吉備糰子」製成和菓子
150年來深受大家喜愛
是當地相當有名的百年老店
店家對於產品的製作一點也不馬虎
糯米選自無農藥栽培的岡山農家
鹽是「海之精」天然海鹽
盒子則用秋田杉的木箱
在車站和超市等各種地方販售
是岡山必買土產

▉瀨戶內海鮮美海產 ▉

　　來到岡山一定要嘗嘗這裡的海產，特別是岡山的代表魚種——鰆魚（類似台灣的土魠魚）。岡山的鰆魚消費量也是日本第一，漁船卸貨之後會將大部分的鰆魚集中在岡山的市場，早上4點開始的叫賣也從鰆魚開始。鰆魚屬於洄游魚類，為了產卵會在春天游到瀨戶內海，5、6月的漁獲量最多，但味道清淡；夏秋的肉質較為肥美；冬天的寒鰆魚則帶有濃厚的鮮味，口感隨著四季轉換，是鰆魚特有的特徵。

　　自古以來，岡山便發展出一套與鰆魚相關的飲食文化。岡山備前區的「刺身」專指鰆魚生魚片，在岡山以外的地方幾乎吃不到。其他料理方式如：鹽烤、乾煮、醃味噌、醃醋，或是做成壽司等，不管什麼吃法都有，是每家每戶不可或缺的食材，而做成涮涮鍋或壽喜燒則是有名的漁夫料理呢！

■ 五彩散壽司（岡山ばら寿司）■

採用新鮮海味和野菜相混而成
以豪華豐盛著稱
是岡山最具代表性的鄉土料理家鄉菜
盤中盛裝多種新鮮入味的海產和當季蔬菜
構成色彩鮮豔的散壽司
特別適合在祝賀或慶典日子食用

■ 韭黃 ■

口感爽脆中蘊藏淡淡甜味和清雅香味
柔嫩黃色更顯可口

■ 千屋牛 ■

在岡山縣北部的新見市千屋地區的草原
豐富自然環境中飼養的高級黑毛和牛
肉質鮮嫩 風味十足

旅行小抄　特色料理推薦！

蝦仁炒飯：岡山市的特色美食，以焦糖醬汁和番茄醬調味而成的特製醬汁，加入蝦仁翻炒融合成香氣四溢的炒飯，聞香食欲大增，此款特色便當隨處可見。

小沙丁魚：別名「青花魚」，屬鯡魚科的小魚。這種小沙丁魚，據說只有在岡山的瀨戶內海近海所捕撈到的才最美味，有一說法是因為岡山的吉井川、旭川、高梁川富含豐富營養成分，注入近海區，帶來許多營養的浮游生物供小沙丁魚食用，才能保有如此鮮美的味道。岡山的小沙丁魚是成魚，本身帶有濃厚的鮮味，不加任何調味料，直接煎熟就很好吃喔！

036

傳統工藝品

倉敷丹寧

岡山以最先進的技術打造出獨一無二的「倉敷丹寧」，不論男女老少，來到這裡都能找到屬於自己的經典款。日本製丹寧布廣受國內外高度評價，也是遊客到倉敷必敗紀念品之一，有纖維城市之稱的兒島所製造販售的日本國產牛仔褲，因具有精湛的技術與優良的生產品質，而被稱為日本丹寧製品的聖地。

倉敷帆布

擁有百年以上歷史的倉敷帆布，擅長使用色彩繽紛的國產帆布，製作充滿暖意又堅固耐用的商品。其中帆布品牌Baistone由厚織布工廠起家，轉而發展優質國產帆布的設計，每款造型皆是獨一無二，數量稀少，品質及評價都受到高度肯定。除了托特包帆布之外，小零錢包、筆袋等男女皆適用的小物，作為紀念品亦廣受歡迎。

備前燒

備前燒陶器是日本6大古窯之一，已有千年以上傳統，其特徵是不使用任何釉彩而燒製出自然花紋，質樸又富涵意韻的陶器。每一項如藝術品般獨一無二的器皿，富有深遠寧靜的意境，柔和的色彩完美呈現和諧之感，即使一個小而簡單的杯皿都將隨著時間的推移，成為珍貴流傳的藝術品。挖掘古董正是旅行的樂趣所在，可在岡山車站的名產店購買。另外還有烏城雕，一種利用天然木紋手工雕刻木器、耐熱耐酸的家庭用品。

撫川團扇

岡山縣的傳統工藝品之一，運用精細手法，在白紙間加入牽牛花和螢火蟲等自然美景的模樣，並且提上幾行詩句，色彩鮮豔又栩栩如生，拿在手上搖晃就能享受涼爽，每一個皆是工匠手工製作，尤其到了夏季更是最佳禮品的代表。

行程規畫

　　有興趣至岡山的朋友，可參考下列路線，規畫以JR岡山車站為出發點，符合自身時間與預算需求的行程，提供安排範例共11天，每天皆為獨立的遊玩路線，可隨你的需求，自由搭配成3日、5日、7至10日等各種組合，盡興悠遊喔！

天數	行 程 路 線
DAY 1	桃太郎大通散步→西川綠道公園→岡山城→後樂園→ 岡山文化特區→表町商店街→天滿屋百貨→岡山車站周邊與地下街
DAY 2	倉敷美觀地區→JR倉敷車站Ario商場→三井Outlet
DAY 3	JR吉備線→吉備津彥神社→吉備津神社→最上稻荷→ 武家屋敷→備中國分寺→AEON Mall採購
DAY 4	JR瀨戶大橋線→體驗跨海大橋直達JR四國高松站→ 四國高松栗林公園→JR兒島站→兒島牛仔褲→鷲羽山夕陽鑑賞
DAY 5	JR伯備線→JR備中高梁站→高梁吹屋→高梁備中松山城→武家屋敷
DAY 6	前往美作三湯之湯鄉溫泉遊
DAY 7	湯鄉溫泉→JR岡山車站→JR津山線→津山城→眾樂園
DAY 8	JR伯備線→山陰鳥取市
DAY 9	JR伯備線→山陰松江市
DAY 10	JR伯備線→山陰境港市
DAY 11	JR伯備線→山陰出雲市

http 岡山縣觀光聯盟：www.okayama-kanko.jp
　　岡山縣觀光課：www.pref.okayama.jp/
　　岡山文化區：plus.harenet.ne.jp/~culturezone/

▋岡山市區定期觀光巴士旅遊行程 ▰▰

　　岡山市區雖然也有眾多巴士可以搭乘至主要景點，但考量班次稀少，在使用上便利性不足，因此建議充分利用JR「關西廣域鐵路周遊5日券」票卷。不過岡山觀光亦有提供幾種經典付費行程供外國遊客參考。以下兩種定期觀光行程皆須預約，若當日有空位亦可直接搭乘。定期觀光巴士僅提供日語導覽，詳情可查兩備巴士網站。

| (http) www.ryobi-bus.jp/teikikankou

▰ 後樂園、倉敷快速行程 ▰▰

運行期間：3/20～11/30每日發車、12/01～3/19停開
發車時間：12:20～17:10（4小時50分）
起訖站 ：JR岡山車站西口
購票地點：兩備巴士總站（JR岡山車站西口1樓）
車資：成人4,100円、兒童2,050円；若選擇倉敷美觀地區延長活動，不隨車返回JR岡山車站，則票價調整為：成人3,560円、兒童1,770円（以上車資已包含各景點門票）

MAP 後樂園、倉敷行程圖

◆ 可於該處下車、不隨車續行／返回，之後須另搭JR返回岡山駅西口。

■ 瀨戶大橋、倉敷深度行程 ■

運行期間：3/20～11/30每日發車、12/01～3/19停開
發車時間：09:30～15:50（6小時20分）
起訖站： JR岡山車站西口
購票地點：兩備巴士總站（JR岡山車站西口1樓）
車資：成人5,650円、兒童2,880円；若選擇倉敷美觀地區延長活動，不隨車
　　　返回JR岡山車站，則票價調整為：成人5,000円、兒童2,550円（以上
　　　車資已包含各景點門票）

MAP 瀨戶大橋、倉敷行程圖

◆ 可於該處下車、不隨車續行／返回，之後須另搭JR返回岡山駅西口。

岡山地區

備前區

「備前地區」是指岡山縣東南部一帶的區域
其中岡山市位於中國地區中部
是岡山縣的行政和經濟中心
也是山陽地區的中心城市
並成為連接山陰、四國的交通樞紐

　　北邊是延伸至中國山地、綠意盎然的吉備高原。
南邊則是映照著美麗島影，冷靜平穩的瀨戶內海。清
流吉井川與旭川，縱斷南北，水的恩賜隨著滔滔江水
綿延而來。由河岸擴展出來的肥沃平原，賦予這片豐
饒大地開花結果的充足養分，孕育出悠久的歷史、文
化及風土民情。就讓這個充滿無限魅力的備前區，為
旅人的故事好好點綴一番，邁向一條充滿夢想與浪
漫，以及各式各樣樂趣的閒適旅程。

| MAP | 岡山市區街道圖 |

全日空飯店

東橫INN

桃太郎像

西口

岡山駅

岡山站前商店街

BIG CAMERA

東口

路面電車乘車處

桃太郎大道

小豆島拉麵

岡山一番街

岡山咖啡館

後樂旅館

岡山高島屋百貨
激安殿堂

西川綠道公園

格蘭比亞HOTEL

三井HOTEL

縣廳通

郵便局

AEON

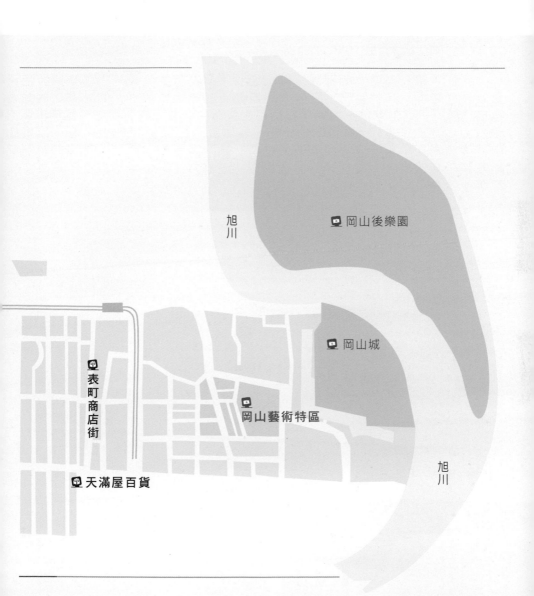

旭川

岡山後樂園

岡山城

岡山藝術特區

表町商店街

天滿屋百貨

旭川

岡山市 | Okayama

　　正如「晴天國度」的稱號，岡山極少下雨，氣候溫暖。市區依照特色可分為幾個類型：2014年底，隨著大規模商業機構陸續進駐，開始進化的政令指定門面——岡山車站、飄盪著親切可愛氛圍的奉還町商店街區、貫穿市區南北側的綠洲西川區、與400年前開闢的城下町有地緣關係的表町區、以岡山城及後樂園為中心所成立的歷史文化區、綠意濃厚的旭川區。市區的距離都剛剛好，最適合「迴遊」！路面電車雖然也很方便，但慢慢散步不是更有一番樂趣嗎？

📷 站前廣場

　　經過大幅修建與規畫，有「岡山
的門面」美稱的JR岡山站形象煥然一
新。以改建時剛好開幕的Sun Station
Terrace岡山為首，岡山一番街Ichi
Ban Gai、高島屋、熱鬧的美食地下街
也陸續出現。2014年年底，AEON購物
中心開幕，一躍成為岡山最大商場，
並隨著西口的岡山會議中心開幕，岡
山站更顯進步與繁榮。

|MAP| JR岡山車站結構圖

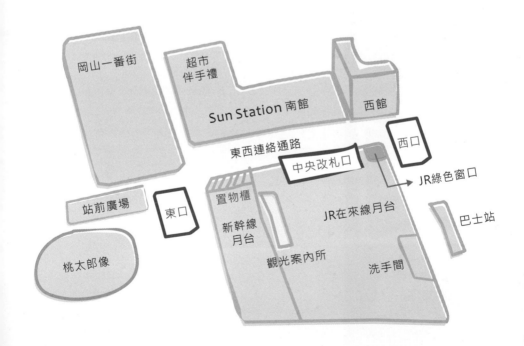

📺 JR岡山車站

　　岡山縣至今流傳著日本民間故事，以「桃太郎」為原型的日本童話治鬼傳說。從岡山車站前矗立的桃太郎和同伴們的雕像開始，到處都能看到桃太郎的元素，迎接來岡山遊玩的遊客。

旅行 小抄 桃太郎傳說包裝列車

　　JR岡山車站的進站歌曲：桃太郎之歌（ももたろうさん～ももたろうさん）相當逗趣，2016年3月26日開始以「桃太郎」傳說形象製作而成的包裝列車，於JR桃太郎線（吉備線）運行，介紹傳說中的史蹟和觀光地。

▲ 桃太郎列車

■ 觀光諮詢中心 ■

桃太郎觀光中心（JR岡山站地下通道廣場）

　　這裡提供岡山市以及其他城市的交通方式、旅遊設施、住宿情報，以及活動資訊。館內有免費Wi-Fi，可以坐下來好好規畫「桃太郎故鄉」行程。

- ➡️ 從JR岡山站東口下地下街「岡山一番街」步行3分鐘
- ✉️ 岡山縣岡山市北區駅元町一番街地下6號
- 🕐 09：00～20：00

◀ 岡山市形象卡通代言人：水寶寶與綠寶寶

岡山市觀光詢問處

　　位於JR岡山車站2樓，新幹線出入口旁，一出車站就能立即獲得觀光資訊的觀光導覽所，窗口放置各種語言的觀光指南，旁邊設有投幣式置物櫃。

- 🕐 09：00～18：00

JR岡山車站東口

　　岡山車站新幹線出口往左轉是東口方向也就是「桃太郎大通」，是主要商圈中心和知名景點的集散地，前往岡山城、後樂園等景點即往此方向出發。

JR岡山車站西口

　　岡山車站新幹線出口往右轉是西口方向，可連接「岡山城市博物館」，記錄岡山的過去與現在，承擔傳承後代的使命，透過電子裝置盡覽岡山的歷史與文化。2樓LIT AVENUE有許多的商店與餐廳，全日空飯店亦在此。

　　JR岡山車站西口步行往前走，則是昔日繁華，今已落寞的奉還町區，奉還町商店街獲選為2006年「努力經營商店街77選」殊榮。以聚集人群的社區機構為核心，透過與不同的人群與團體合作，增加觀光人數，讓社區更活性化。

■ 岡山車站VS.JR在來線交通資訊 ■

┃MAP┃JR在來線交通網 ┣

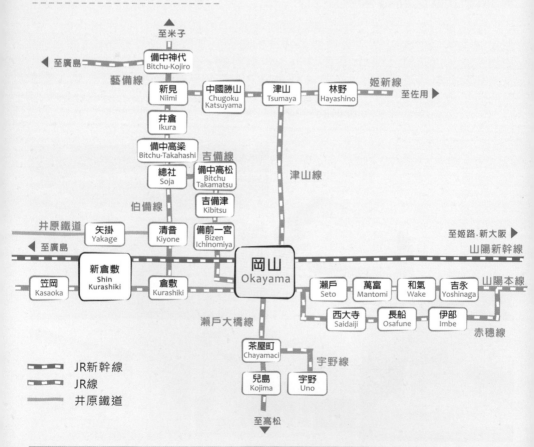

至米子

備中神代
Bitchu-Kojiro

◀ 至廣島

藝備線

新見
Niimi

中國勝山
Chugoku
Katsuyama

津山
Tsumaya

林野
Hayashino

姬新線

至佐用 ▶

井倉
Ikura

備中高梁
Bitchu-Takahashi

吉備線

總社
Soja

備中高松
Bitchu
Takamatsu

津山線

伯備線

吉備津
Kibitsu

井原鐵道

矢掛
Yakage

清音
Kiyone

備前一宮
Bizen
Ichinomiya

至姬路·新大阪 ▶

山陽新幹線

◀ 至廣島

新倉敷
Shin
Kurashiki

岡山
Okayama

瀨戶
Seto

萬富
Mantomi

和氣
Wake

吉永
Yoshinaga

山陽本線

笠岡
Kasaoka

倉敷
Kurashiki

西大寺
Saidaiji

長船
Osafune

伊部
Imbe

赤穗線

瀨戶大橋線

茶屋町
Chayamaci

宇野線

兒島
Kojima

宇野
Uno

至高松

JR新幹線

JR線

井原鐵道

■ 搭乘列車所需時間 ■

起站	迄站	所需時間
岡山	倉敷	11分鐘
岡山	兒島	21分鐘
岡山	津山	1小時6分鐘
岡山	笠岡	34分鐘
岡山	總社	27分鐘
岡山	備中高粱	50分鐘
岡山	伊部	35分鐘

＊以上資料時有異動，以現場或官方最新公告為準。

■ JR在來線各月台路線 ■

月台	路線名稱	發車方向
1月台	山陽本線	倉敷、福山方向
2月台	伯備線	倉敷、新見、米子方向
3月台	山陽本線	和氣、姬路、鳥取方向
4月台	赤穗線	西大寺、播州赤穗方向
5月台	瀨戶大橋線	茶屋町、兒島、四國方向
6月台	瀨戶大橋線	茶屋町、兒島、四國方向
7月台	宇野線	茶屋町、宇野方向
8月台	宇野線	茶屋町、宇野方向
9月台	津山線	福渡、津山方向
10月台	桃太郎線(吉備線)	備中高松、總社方向

＊以上資料時有異動，以現場或官方最新公告為準。

Sun Station Terrace

　　Sun Station Terrace共有5層樓，分為南館、北館與西館，JR岡山車站出來即為南館2樓，販售岡山地區各式人氣特色伴手禮，如當季水果、瀨戶內海特產、甜點，有名甜點店源吉兆庵，製作多款白桃和菓子，JR站內販售桃太郎造型的kitty便當、飾品。

　　推薦到這裡的「吾妻壽司」品嘗岡山名物五彩散壽司，它也提供多款外帶壽司、生魚片、蝦飯便當等，一次就可嘗盡新鮮海產，是相當受到當地人喜愛的高CP值壽司店。

　　北館則有男女服飾、靴下屋、保養品牌、日式生活雜貨、運動用品、三省堂書店、無印良品等。如果逛累了肚子餓也不怕，1樓提供數十間豐富多樣的餐廳供旅人挑選。

❶～❹ Sun Station Terrace有販售當季水果禮盒、各式特色小物，還有GOHOBI果凍專賣店

▲ 由JR岡山車站東口進入岡山一番街

▲ 位於岡山一番街的山田養蜂場，是中國地區公認品質好的蜂蜜伴手禮

🌳 岡山一番街 Ichi Ban Gai

　　「岡山一番街」位於岡山車站地下1樓，是和JR岡山車站內直接相通的購物街，引領岡山潮流。許多熱門服裝品牌林立，像是知名女裝BABYLONE、COCO DEAL、JEANASIS、LOWRYS FARM、MOUSSY、UNTITLED、Snidel、UNITED ARROWS green label relaxing、BEAUTY&YOUTH、FANCL等超過60間流行服飾店，更有知名的山田養蜂場、甜點烘焙店、時尚雜貨、藥妝店、餐廳和星巴克等，多數店家皆有提供外國旅客購物退稅服務，只要在店鋪門口看見「Japan.Tax-free shop」的標示，就能盡情享受購物樂趣，一點也不怕等車時間沒處逛！

✉ 岡山縣岡山市北區駅元町一番街地下

🕐 10:00～20：00

http okayamaeki-sc.jp

▲ 岡山一番街餐廳區

▲ 經由岡山一番街，連通桃太郎觀光中心、高島屋、AEON購物商場以及BIC CAMERA岡山站前店

永旺購物中心 AEON Mall

　　2014年12月在岡山市中心開幕的日本大型連鎖賣場AEON，有超過350家店進駐，是西日本中國地區與四國地區規模最大的購物商場，每年吸引2,000萬人次消費。

　　除了日本的各種服裝、雜貨品牌之外，還有66家餐廳，設施完善。服飾品牌，像是常見的UNIQLO、Zara、H&M、無印良品、台隆手創等；還有眾多日本居家雜貨店：像是受歡迎的300 COINS、同樣以平價為主打的居家雜貨Salut、價位質感皆在水準之上的Studio CLIP等，琳琅滿目。而Awesome Store價格親民又相當具有前衛設計感，商品無其不有，不論是逗趣的餐盤、令人會心一笑的文具設計，這裡絕對不會讓遊客失望。作者推薦5樓「HARE MACHI 365」（特區365），岡山縣的特產在這裡應有盡有。

　　商場不定時舉辦各式各樣購物活動與節日食品展。並以「岡山未來館」(Kayama future hall)為概念，提供藝術活動的展演場所，可說是一應俱全的大型娛樂中心。1樓明亮開放的中庭設計，可以因應大型活動空間需求，最特別的是，空中掛有超大螢幕，主播隨時放送賣場最新特賣消息、直播介紹各家特色店鋪，逛街時也許有幸被訪問喔！

❾

　　「AEON Style」是AEON打造的專屬賣場，1樓是占地超廣大的生鮮超市，無論零食、生食與熟食、水果應有盡有，眼花撩亂的程度絕對可逛上半天，同時提供外國遊客退稅服務；2樓主打男女服飾、配件；3樓販售文具與廚房用品；4樓則是兒童服飾與玩具區，各區域品牌琳瑯滿目。只要是在「AEON Style」區域購買的商品，皆可至1樓統一辦理退稅。

旅行小抄

AEON Mall 退稅規定

　　在AEON直營賣場「AEON Style」區域購物，可集中至1樓退稅櫃檯出示護照辦理退稅（位於超市對面）；其他獨立店面賣場，若有標示「Japan.Free-shop」，亦可直接店內退稅。

➡️ 從JR岡山車站地下通道步行5分鐘（桃太郎觀光案內所方向）

✉️ 岡山縣岡山市北區下石井1-2-1

🕐 百貨專賣店 10:00～21:00 / 6樓、7樓餐廳 11:00～23:00
1樓高島屋FOOD MAISON 10:00～20:00
AEON電影院 09:00～00:30 / AEON STYLE 09:00～22:00

🌐 Aeonmall-okayama.com.e.vd.hp.transer.com

❶ ～ ⓫ 空間寬敞明亮的AEON商場，吃美食、逛街購物一次滿足

10　11

🏯 BIC CAMERA 岡山站前店

　　想添購電器的朋友，可前往位於岡山車站正前方的BIC CAMERA，或經車站地下連通道前往亦十分方便。

- ➡️ 從JR岡山車站步行2分鐘
- ✉️ 岡山縣岡山市北區站前町1-1-1
- 🕙 10：00～21：00

🏯 高島屋岡山店、激安殿堂

　　日本百貨公司高島屋，商品琳琅滿目，8樓設有辦理退稅手續的櫃檯。此外，外國旅客可憑護照領取Hello Kitty優惠卡，只要在高島屋消費滿3,000円以上，即可享有5%折扣。

- ➡️ 從JR岡山車站前步行3分鐘，或經由車站地下連通道步行前往
- ✉️ 岡山縣岡山市北區本町6-40
- 🕙 10：00～19：30

旅行小抄 岡山夜生活集中地

　　高島屋旁邊的小路是岡山夜生活的集中地，滿街的居酒屋、燒烤店、咖啡店等餐館。推薦風味濃郁的「小豆島拉麵」，或者到「岡山咖啡店」品嘗咖啡與甜點，亦是不錯的選擇。

小豆島拉麵岡山站前店

- ✉️ 岡山縣岡山市北區本町2-23
- 🕙 11：00～24：00

🏬 天滿屋 TENMAYA

　　天滿屋是源自岡山的老字號百貨公司，長久以來是當地人主要購物飲食的場所。從世界精品到岡山縣特產、化妝品、服飾品牌、日用品、食品等應有盡有，百貨公司5樓和地下1樓設有外國旅客退稅櫃檯。周邊商圈另有日式文具百貨Loft，以及歷史悠久的表町商店街，有些店家甚至可至天滿屋辦理購物退稅，若來到此，可同時享受商店街和百貨公司的購物樂趣。

➡️ 從JR岡山車站步行約15分鐘；或從JR岡山車站
　　搭乘路面電車，於「城下站」、「縣廳通」下車

✉️ 岡山縣岡山市北區站前町2-1-1

🕐 10:00～19:30

🏠 表町商店街

　　岡山城下町從400年前開拓以來，便以熱鬧繁華聞名遐邇，該區以表町商店街、當地百貨店天滿屋為主要核心，形成一大購物區。老店林立的表町商店街與天滿屋等大型店家合作，推出許多活潑有趣的活動，如星期四市集等，吸引大家共襄盛舉。城下町最初由戰國時代末期，攻下備前國（今岡山縣）的宇喜多直家與秀家父子奠定地基，而後由江戶時代池田家所統治的岡山藩繼承發展而成。城下町的名字雖未被保留，在商店街舉辦的大大小小活動中，還是常可看到上之町、中之町、下之町等與城下町時代相關的名字呢。近年來，表町商店街已朝向打造日本免稅商店街發展。

1 「晴天王國」岡山館：裡頭
販賣岡山縣各式代表性禮品
，購物滿5,000円可退稅
2 3 用當地水果製成的果汁
4 帆布袋
5 備前燒

🖥 岡山文化特區

　　此區經政府規畫成為徒步文化園區，集結岡山後樂園、岡山城等代表
性文化設施，欣賞岡山市的藝術和文化。欲前往岡山文化特區，若天氣、
體力許可，可由JR岡山車站步行前往；或者在桃太郎大通搭乘「東山」方
向的路面電車(street car)，於「城下站」(Shiroshita)下車即可。

▲ 矗立於西川旁的主要景點標示圖

蓬勃發展的藝術

　　到了近代，藝術開始在這個歷史悠遠、物產豐饒的岡山備前區開花結果。擅於以豐富情感描寫女性美與戀情哀歌的竹久夢二、國吉康雄或坂田一男等著名畫家，還有以內田百閒為首的多位文人雅士，以傑出的藝術才能在岡山備前區留下足跡，也名留青史。既然被稱作文教區，當然充滿各式各樣的博物館與美術館，若時間不夠充裕，直接到各館逛逛紀念品販賣區，感受藝術的美感也是相當不錯的。

| MAP | 岡山文化特區園區圖 |

路面電車 STREET CAR ▰

1. 路線：岡山特色交通工具「路面電車」分為2個路線
- JR岡山車站往「東山」方向
- JR岡山車站往「清輝橋」方向

2. 車資計算：採後門上車，前門投幣下車（可使用ICOCA）

路面電車車資分成100円以及140円兩個區塊，「岡山車站前」、「西川綠道公園站」、「柳川站」、「城下站」、「縣廳通站」以及「郵便局前站」這6站屬於100円區間內，於下車時投入車資100円，若車程超過此區間則需付費140円。若是回程搭乘路面電車往JR岡山車站方向，建議抽取整理券，以方便計算車資。每位成人可免費攜帶一位未滿6歲的兒童搭乘，超過2位兒童時，第二位以半價計算，超過6歲、未滿12歲的兒童以半價計算。

3. 車上亦可購買一日卷

| 🌐 www.okayama-kido.co.jp/tramway/rosen.html

▼ 前往岡山城，請搭往「東山」方向路面電車　　　▼ 復古路面電車內部

|MAP| 岡山文化特區路面電車路線圖|

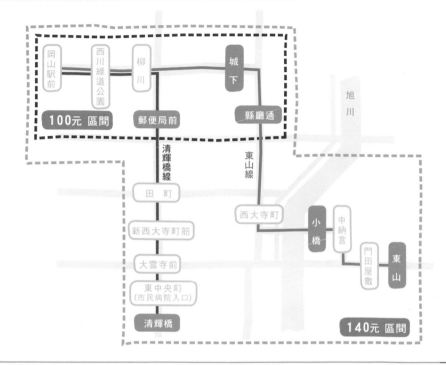

岡山駅前　西川綠道公園　柳川　城下

100元 區間　郵便局前　縣廳通

旭川

清輝橋線

東山線

田町

西大寺町　小橋　中納言

新西大寺町筋

大雲寺前　門田屋敷　東山

東中央町
(市民病院入口)

清輝橋　**140元 區間**

▲ 路面電車候車處，位於桃太郎大通上

📷 西川綠道公園 Nishikawa Canal

流經岡山市貫穿南北側西川，沿岸公園提供休憩的小綠洲，觀賞四季各異的花草，江戶時代開闢的西川河畔，正以西川綠道公園的身分進行整頓。綠意盎然的步道上，有著水上平台、戶外演唱會設備、雕像、石碑，現已成為市民休憩的角落。沿著西川的平和町、田町、中央町等都是岡山著名的鬧區。

以前，用來灌溉農田的水路名叫西川。岡山城下町整頓完善時期，武家、廟宇或神社、職人街的外圍與三十多萬石的肥沃田園地區，皆由西川提供人民與稻作生活上及種植上的用水。之所以叫西川，或許是以當時所在的方位而定，岡山幾百年來的歲月風霜，都映照在西川波光粼粼的水面上呢。

到了現代，日本高度經濟成長期，許多縣市將水路地下化，惟當時的市長獨排眾議，堅守「水路保持」的理念，將2.4公里的水路，花費9年整頓成綠道公園，獲選「綠色都市賞」，得到全國高度評價。在那之後大約30年，西川附近的樹木長得又高又壯，因為這些茁壯的大樹，岡山的街道總是洋溢著清爽沁涼的綠意。

西川，永遠名「流」青史的西川，現在依然流動著。在盛開的吉野櫻花下，找個時間來西川和風庭園都市悠閒地散步吧！

| ➡ JR岡山車站前步行即到

📷 岡山城 Okayama Castle

宇喜多氏奠定城下町繁榮

　　來到岡山必遊岡山城。岡山城共有6層樓，因被黑色雨淋板（護牆板）覆蓋，又被稱為「烏城」。戰國時代征討岡山的名將宇喜多直家，父親為宇喜多興家、祖父名為能家，受到同儕迫害相殘，他與父親逃離原鄉(現在的瀨戶內市邑久町)，並以岡山為據點，招募商人共同建設城下町。最後宇喜多成為織田信長與豐臣秀吉麾下大名，其子秀家後來成為豐臣秀吉政權的五大老之一，聲勢攀上頂峰。家聲遠播的同時，岡山城也順利建造完成。1597年(慶長2年)，豐臣五大元老的宇喜多秀家在旭川河畔加蓋天守閣，完成了大城郭，之後又擴張到現今路面電車清輝橋線行駛方向的柳川筋。可惜的是，天守閣在二次大戰被炸毀，現在所看到的是戰後重建的新物而非古蹟。城內的月見櫓與西丸西手櫓則幸運逃過一劫，現在整頓的是公園的本丸部分，基本上保留了當時的原貌。

池田名君發揚光大

　　後來，宇喜多秀家於關原之戰慘遭滑鐵盧，遭流放八丈島，岡山城城主歷經小早川秀秋、池田忠繼、池田忠雄的政權更替。寬永9年（1632年），池田忠雄死後，因幡、伯耆國三十二萬石，年僅24歲的鳥取藩主池田光政，因為諸侯調動的機制，與年幼的忠雄之子光仲相互調任，從鳥取轉至岡山城。好學的光政上任後，立即延攬熊澤蕃山的儒學家學習仁政，在行政機構改革、新田開發、整頓平民教育機構的閑谷學校等，不論是政治、經濟或文教方面都有不錯的政績，與水戶藩主德川光圀（音同國）或會津藩主的保科正之並列為治國英明的名君。另外，侍奉光政及其子綱政，建造百間川及知名庭園「後樂園」的總指揮官——津田永忠，也是當時有名的大將。之後一直到明治維新，池田家世代以仁治國，光政的「仁政之心」在備前岡山永久流傳，這從1932年515事件（日本護憲運動）中，遭襲擊身亡的「憲政之神」犬養毅等岡山出身的政治家身上，可以明顯感受到他們繼承自先人的剛毅與骨氣。

❶～❸ 岡山城正門與全景

▲ 由天守閣遠眺旭川　　　　　　　　▲ 城內展示城主轎子，可試乘拍照

■ 天守閣 ■■■■

　　岡山城的天守閣基台，以安土城3層6階的天守為模型，不等邊五角形的基底則是全國唯一僅有的設計。天守閣內部再現當年城主日常生活的「城主之室」遺貌，其中倖存的天守閣、賞月箭樓，都被列為日本國寶。城堡殘留的石牆大部分仍保存昔日風采，以天守閣為中心，包圍著天守閣的大面積石堆，乃採用圓形自然石堆砌而成，此種方式是日本築城的古老工法，亦是珍貴文化遺產。

　　天守閣內可免費拍照留念，體驗換穿舊時城主人、公主的服裝，也能乘坐大轎，感受身為武士的時代氛圍。亦可前往1樓體驗岡山代表性陶器「備前燒」的製作，或者品嘗岡山城特有的白桃水果聖代冰淇淋。

▲ 岡山城後樂園共用套票

➡ 由JR岡山車站步行前往約25分鐘搭乘
「東山」方向路面電車於「城下站」
(Shiroshita)下車步行約10分鐘

🕐 09:00～17:30

🚫 12/29～12/31

入園門票費用

岡山城	套票		
	岡山城、後樂園	岡山城、縣立博物館	岡山城、後樂園、林原美術館
成人300円	成人560円	成人520円	成人960円
兒童140円	兒童260円	＼	＼

＊以上資料時有異動，以現場或官方最新公告為準。

天守閣體驗1：備前燒製作

- ✉ 岡山城天守閣1樓(備前燒工作室)
- 🍴 (086)224-3396，需事前預約
- 🕐 10:00／11:00／13:00／14:00／15:00
- 💲 1,230円

天守閣體驗2：著裝打扮體驗

- ✉ 岡山城天守閣2樓
- 🕐 10:00／11:00／13:00／14:00／15:00
- 💲 免費
- ❗ 每小時限5位，須現場在櫃檯登記

❶ 城內備前燒工作室 ／ ❷ 城內水果甜點販賣區 ／ ❸～❺ 著裝打扮體驗

後樂園 Korakuen Garden

依傍清涼旭川的名園景致

　　欣賞完岡山城，沿著鶴見橋往前走即可抵達後樂園入口。岡山後樂園是日本三大名園之一，和金澤兼六園、水戶偕樂園並稱日本三大名園。從正門進去，沿著道路一直走，放眼望去，是一望無際的草坪，這可說是後樂園最大的特色。草坪西側有延養亭等建築，草坪庭園的對面矗立著可遙望整個園區的唯心山與操山，這裡充滿著都市生活中未曾出現的豐富大自然美景。相對於這樣的開闊明亮，延養亭附近的花葉池邊則自成綠意翁鬱、令人迷離的森林，自此經過御舟入跡，爬上唯心山往下眺望，廣大的森林與草坪、大小島洲浮於水面的沼池，一覽無遺，綠意美景俯拾即是。再往東走去，花交之森、千入之森、井田、茶園或沼池附近都是悠閒散步的好去處。光與影的交錯，地勢高低的落差，以及四季不同的風景變化，就像後樂園的名字一樣，不論何時造訪，都能從千姿百態的美景中獲得最大的愉悅與感動。

❶ 通往後樂園的月見橋 / ❷ 後樂園園內美景 / ❸ 後樂園秋景 / ❹ 後樂園賞楓

傳達先憂後樂的精神

　　1687年由岡山藩主池田綱政提出構想，命令家臣津田永忠建造的著名迴遊式庭園。1700年建造完成，這座地方少見的諸侯庭園幾乎完整保留了江戶時代的風貌，除了歷代藩主用於靜養身心和接待賓客之外，仍會定期允許平民百姓入園參觀，1884年這座庭園的所有權轉移給岡山縣，並對一般大眾開放，1952年被指定為「特別名勝」之地，亦歷經幾次修建。

▰ 漫步迴游式庭園 ▰

　　具有300年歷史傳統的後樂園，鋪設大量草坪，寬闊明亮的庭園，採用日本遍地自生的野草坪。以延養亭和能樂舞台為主的亭房，園內各處設有茶室和寄託著歷代藩主祈願的祠堂，能樂舞台周圍的房間，是用來觀賞能劇或接待賓客的場所。後樂園分別以園路、水路將寬闊的草坪、池塘、假山、茶室連成一體，漫步園中，欣賞各種不同的景色變化，可謂匠心獨具的迴遊式庭園。

　　登上唯心山眺望迴遊式庭園多變的景色，庭園景觀變得更為立體；漫步於池邊小路，欣賞四季不同的花卉，不論是春季的櫻花、杜鵑花、菖蒲花、蓮花或秋季的紅葉，皆非常迷人。利用機會，來看看美麗名園，欣賞園內因四季變化而變化的四季之花。

▰ 旭川櫻花道 ▰

　　綿延於岡山後樂園外的旭川河畔，每到櫻花盛開時節（約3月下旬～4月上旬），約200棵的櫻花樹同時美麗綻放，沿著岡山後樂園的旭川約1公里處，配合櫻花樹盛開時期悠閒散步，同時欣賞夢幻般的景色，點綴河岸撫媚動人，景象美不勝收。

■ 後樂園夏日夜間幻想庭園 ■

在夏季和秋季時會舉辦期間限定的「幻想庭園」，不只將開園時間延長至夜間，更以蠟燭等燈光點綴園區，讓來訪的遊客享受有別於白天的幻想空間。

1.由JR岡山車站步行前往約25分鐘
2.搭乘「東山」方向路面電車於「城下站」(Shiroshita)下車，步行約10分鐘
07:30～18:00(3/20～9/30) ／ 08:00～17:00(10/1～3/19)
400円
www.okayama-korakuen.jp

夢二鄉土美術館 Yumeji Art Museum

　　竹久夢二(1884～1934)，出身於邑久郡本莊村(現在的瀨戶內市)，畢生致力探求「美」，以美人圖聞名，「宵待草」等詩集也是眾所周知。他並非只是一味刻畫「夢二式美人」裡的憂鬱表情，同時也以詩畫家的身分風靡一世。另外，因為在故鄉度過非常幸福的童年時光，將思鄉之情注入畫中，故多以日本的山河為創作主題。竹久夢二16歲之前住在瀨戶內市邑久町的茅草屋，如今被完善保存，入口有一塊有島生馬親筆寫下「竹久夢二生於此」的碑，館內展示竹久夢二的素描、版畫。最近，竹久夢二在大正13年位於東京的畫室「少年山莊」，以「夢二鄉土美術館分館」之名重新開放。可從各個角度欣賞豐富多彩的作品和素描。

➡ 1.「東山」方向路面電車於「城下站」(Shiroshita)下車，步行約10分鐘
　　2.「東山」方向路面電車於「縣廳通站」下車，步行約7分鐘

✉ 岡山市北區丸の內2-7-15

🕐 09:00～17:00

休 12/25～1/5

$ 500円

http www.hayashibara-museumofart.jp

📷 林原美術館 Hayashibara Museum of Art

　　由已故岡山商人林原一郎先生所收集，東亞地區的繪畫和工藝品。首先，映入眼簾的是富麗堂皇武士公館大門，進入後隨即呈現現代風格的時尚建築，林原美術館的收藏品，有來自備前岡山藩主池田家代代傳承的大名道具，以及林原一郎個人收集的東洋古董藝術品，收藏特色與展示內容涵括刀劍、武器、盔甲、繪畫、書法、能樂面具、能劇裝束、雕漆、螺鈿、蒔繪、陶瓷器、金工藝品等約一萬件作品。除常設展外，館內另有以單一主題為主的企劃展，每一年約4～5次，專門介紹其他美術館特殊收藏的特展，則每一年約有1～2次。

➡️ 1.「東山」方向路面電車於「城下站」(Shiroshita)下車，步行約10分鐘
　　2.「東山」方向路面電車於「縣廳通站」下車，步行約7分鐘

✉️ 岡山市北區丸の內2-7-15

🕐 09:00～17:00

休 12/25～1/5

💲 500円

http www.hayashibara-museumofart.jp

岡山市立オリエント美術館 Okayama Orient Museum

　　岡山市立東方美術館以伊朗、伊拉克、敘利亞等西亞國家為主，系統性收集從古代至今約5,000件美術作品，展現東方文明的寶庫，館內以亞述浮雕最具代表性。最初是法人岡山學園（當時的理事長是安原真二郎先生）贈與1,947件東洋文化考古美術品而成立。安原前理事長受過東京大學的江上波夫名譽教授及深井晉司教授的指導，私交甚篤，因此收藏品也偏向學術系統性收集，為了理解東洋歷史文化，持續蒐集不同領域的相關資料。開館後透過贈與或寄託保管，現在館藏已多達5,000件，為西日本東洋研究的據點，也是國內唯一一所致力於調查研究、教育普及的公立專門美術館。

　　平成15年時剛好為開館25周年紀念活動，岡山市立東方美術館取得亞述浮雕「有翼鷲頭精靈像」浮雕作品。亞述的藝術在古代美索不達米亞統一後達到最高峰，該作品被視為代表本館精神的收藏品，且在平成16年，邀請知名古代東洋研究學者三笠宮崇仁親王殿下擔任名譽顧問。美術館秉持研究、教育普及活動的信念，持續進行東洋研究作為人類文明與東西方文化交流的證明，今後必定能吸引更多人關注，有助對於日本文化提供許多重要線索。

➡ 「東山」方向路面電車於「城下站」(Shiroshita)下車，步行約5分鐘

✉ 岡山市北區天神町9-31

🕐 09:00～17:00

休 每週一

$ 300円

http www.orientmuseum.jp

📺 岡山縣立美術館 Okayama Prefectural Museum of Art

　　岡山縣立美術館以「岡山縣之緣」為關鍵詞，核心宗旨為「珍惜美麗熟悉當地」收藏多件水墨畫巨匠的代表性優秀作品，如雪舟、宮本武藏、浦上玉堂、國吉康雄、平櫛田中等岡山在地藝術家，館藏展示古書畫、日本畫、西洋畫與工藝作品，分別在每個月、每三個月進行展示作品更換。此外，本館亦舉行特展或企畫主題展，提供民眾盡情欣賞每個時代不同類型的藝術作品。

➡ 「東山」方向路面電車於「城下站」(Shiroshita)下車，步行約5分鐘

✉ 岡山市北區天神町8-48

🕐 09:00～17:00

休 每週一

💲 350円

http www.pref.okayama.jp/seikatsu/kenbi/index.html

📷 岡山縣立博物館 Okayama Prefectural Museum

　　縣立博物館以專門介紹岡山歷史文化為主題，展示岡山縣內出土的遺跡文物和日常生活用具，包括備前陶器、刀劍等工藝美術品，在曾經被稱為「吉備國」的岡山縣內，自古就留下了諸多文化財富至今。博物館保存原始、古代至近代的文化遺產，同時以作為向岡山縣民守護代代相傳的代表性文物為基本職責，1971年以縣政100周年紀念而成立開館。

　　在舊石器時代廳展示在瀨戶內海沿岸和中國地區出土的石器，以及從海底打撈出的「瑙曼象化石」等考古文物，這些是在日本列島有人類開始活動時的古代文物。文書類型則介紹中世紀港口城市發展情況的文獻。還包括《足利尊氏禦教書》、《赤松氏相關文書》等，介紹當時武士勢力動向的文獻；另外還有《備前一宮神事畫卷》、《日蓮宗相關文書》等可以窺見中世紀文化與信仰發展情形的古文獻。

　　戰國時期的資料有《戰國武將之信函》；近代文獻資料有《國繪圖》、《藩主、家臣之書》等近世文士、學者等人著作文獻。還有雕刻、繪畫、工藝等絕品追溯岡山的文化歷程；另有從平安時代到室町時代豐富多彩的佛像、佛教繪畫文物。吉備國自古以來煉鐵盛行，因此出土大量沒有彎度的平造的刀劍，而到平安時代後期，則產生了有刀棱和彎度的日本刀。自那時以來，備前與備中地區成為國內數一數二的刀劍生產據點，本博物館展示備前地區活躍名工巧匠製造的備前刀和備中刀，紀錄著岡山縣傳統工藝。

● 「東山」方向路面電車於「城下站」(Shiroshita)下車，步行約10分鐘

✉ 岡山市北區後樂園1-5

🕐 09:00～18:00（4月～9月）/09:30～17:00（10月～3月）

休 每週一

$ 250円

http www.pref.okayama.jp/kyoiku/kenhaku/hakubu.htm

備中區

一年四季漁獲豐富的瀨戶內海
以肥沃大地栽種出的好米而精緻釀造的美酒
「水果王國」享譽日本
各式各樣的水果結實纍纍
旅客們盡情享受遊山玩水的樂趣
笑聲響徹岡山
心動不如馬上行動
趕快來備中區一起同樂吧

　　從前吉備國分為備前、備中、備後三大區域，其中，備中被認為是政治、經濟、文化的發展重鎮，倉敷、總社、笠岡、井原、淺口、高梁、新見7大市鎮與早島、里庄、矢掛三大町都隸屬這一區。

　　高梁川源自新見市的花見山，南北奔流於備中，與吉井川、旭川並列岡山縣3大河川。高梁川由多條支流匯集後流入瀨戶內海，豐沛的川流、自然優美的景觀、以及充滿神秘的風光，是備中最具指標性的存在。

　　受惠於備中地區溫暖的氣候與高梁川豐沛又清澈的河水，備中得以栽種出優質的農作物，「麵」與「酒」自然而然成了當地的名產。隨著區域發展，越來越多人聚集於此，產生出「街區叢聚」的景象，之後變得更加繁榮。豐富的食文化與特殊的街區景象至今仍存在備中的各個角落，等待你去發掘喔！

總社市 | Soja

　　在歷史之鄉岡山，吉備路由岡山西郊延伸至總社，東西長約20公里，追溯曾經興旺的古代吉備王國，同時悠然欣賞沿途風光美景。岡山縣內各地零星散布古時流傳至現代的建築物，以及保存原始風景的觀光景點，能夠親身體驗日本文化歷史傳說，漫步於復古情懷中，步行便已足夠。

■ 吉備路交通 ■

　　持「關西廣域鐵路周遊5日券」無限搭乘JR在來線列車，往桃太郎線（吉備線）各個特點景點遊玩。原則上約莫25分鐘一班車，到達定點時建議先在該車站告示牌查看下一班列車時刻表。

I「JR桃太郎線」（吉備線）路線圖I

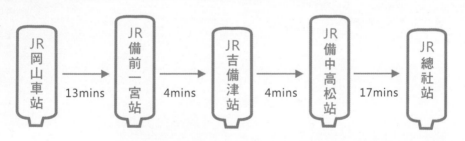

JR岡山車站 → 13mins → JR備前一宮站 → 4mins → JR吉備津站 → 4mins → JR備中高松站 → 17mins → JR總社站

■ 吉備路自行車道 ■

　　吉備路自行車道全長約21公里，廣闊美麗的自然風景被選為「日本之道100選」。單車馳騁途中可以悠閒參觀備中國分寺裡的五重塔、吉備津彥神社、吉備津神社等主要史跡的觀光景點。「JR總社站」前提供自行車租借服務，可一路行進至「JR備前一宮站」歸還單車，再搭乘桃太郎吉備線回到JR岡山車站，亦是另一種旅遊體驗。

▲ 總社觀光詢問處　　　　　　　　　▲ 單車租賃處

|MAP| JR吉備線景點分布圖

備中國分寺

最上稲荷

■ 高松城址公園

岡山IC

總社站

足守

備中高松

岡山
總社IC

山陽自動車道

岡山
JCT

造山古墳

吉備津

備前一宮

備前三門

足守川

吉備津
神社

吉備津
彦神社

大安寺

岡山駅

吉備津彥神社

　　吉備津彥是古老備前國的一宮，神社祭祀著以桃太郎為雛型的「吉備津彥命」，最先開始是將神殿（主要的建築物）建於吉備津彥命的宅邸遺址。樹齡千年以上的平安杉是吉備津彥神社的象徵。

▲ 吉備津彥神社前庭院　　　　　　▲ 神社正門入口

　　夏至的早晨，太陽由鳥居中間緩緩昇起，故名「朝日之宮」，是古代太陽信仰的原點。日本大和民族自古便將太陽當作神明一般景仰，祈求穀物豐收、好運降臨，吉備津彥神社的存在，可說是太陽信仰的象徵之一。

　　本殿後面的吉備中山山頂上有石座，當地人認為該石座有神明附著，因此每年總有大批人潮參加5月舉辦的「磐座祭」。另外，8月舉辦的御田植祭乃是從平安時代流傳下來，祈求「五穀豐收」的儀式，1964年被選為無形民俗文化財，1979年被選為國家無形民俗文化財。

　　慢慢走進吉備津彥神社，可看到大鳥居兩側的狛犬像，並非一般的石像而是少見的備前燒。往境內走還有神池，神池中的龜島、鶴島分別供奉著宗像之神、住吉之神。進入隨神門後的廣場，展示著日本最大的石燈籠，非常壯觀。一步步爬上石階，空氣中飄盪著莊嚴的氛圍，原來是參拜殿到了。可以這裡特有的「二拜二拍手一拜」參拜方式，將心意誠摯地傳達給神明。

▬ 社殿 ▬

　　與朝日之宮相襯之社殿，後
有吉備中山之英姿。御祭神的大
吉備津彥命因為「桃太郎」傳說
而有名，以前的住處在神體山山
腳下的平原，後來便將住居所改
建為社殿。

▬ 備前一宮 ▬

　　朝日之宮作為供奉備前國總
氏神的神聖區域，故被稱為「備
前一宮」。宮殿境內的三間社流
造（正殿前有四根柱子佇立，柱
與柱之間形成三個空間，故名三
間社）、檜皮葺（用檜木樹皮來
葺蓋屋頂的一種建築法）、花崗
岩的鳥居柱腳等特色的建築，與
美麗的社殿共享至高評價。

知識錦囊 神明之名與五行的連結性

中國古代發展出五行思想，萬物皆是木、火、土、金、水5大元素相生相剋，演變而成，吉備津彥神社的發音正好與五行的發音一樣。桃太郎像更是熱門的拍照景點！如果購買紅白的御守或桃子形狀的消災除厄御守等開運商品，運氣也會提升！

幸福祈願：紅白結緣御守

在本殿參拜完後，前往社務所領取結緣御守，拿了兩對一組的紅白結緣御守，申請「幸福祈願」，再到子安神社參拜，結束後只保留其中一個，另一個請神社保管，據說一年中每天誠心祈求，就能遇到美好的邂逅。等到願望實現，也就是覓得良緣之後，再回到神社參拜，向神明致謝，並將當時委託神社保管的結緣御守領回，交給另一半。

子安神社：以結緣、求子、安胎、育兒聞名全國

境內設有「子安神社」，是知名的求子、安產之神，前來求姻緣、求子或是祈求孩子平安長大的香客絡繹不絕。慶長年間，岡山藩備前監國的池田利隆為求子嗣前往參拜，沒想到過沒多久就喜獲麟兒，也就是之後受眾人擁戴的池田光政。另有一說夫婦吃了神社旁邊初春生長的蕨菜就能順利懷孕，但請適量取用，不可太貪心，將幸福留給其他人吧！

➡ JR桃太郎線（吉備線）「備前一宮站」，步行約5分鐘

✉ 岡山市北區一宮1043

🕐 06:00～19:00

💲 免費參觀

🔗 www.kibitsuhiko.or.jp

❶ 子安神社 / ❷ 通往正殿的神社之道

❶ ❷ 吉備津神社正門階梯

📺 吉備津神社

　　與吉備津彥神社互別苗頭，所供奉的神明同樣為吉備國開國大祖神的大吉備津彥大神，以及他的愛妻百田弓矢比賣，吉備氏一族都包含在內。仁德天皇為了歌頌大吉備津彥命的偉大功績而創建，身為三備（備前、備中、備後）的「一宮」，全國各地前來參拜的香客絡繹不絕。順便一提，根據宮內的說法指出，吉備津彥在吉備中山山腳，蓋了間茅葺宮並在此定居，281歲過世後葬在中山的山頂。此後，吉備津彥的第五代子孫加夜臣奈留美命在原本的茅葺宮裡設立社殿，祭祀祖先吉備津彥，是本社的開端。

　　吉備津神社因具有保護古代吉備國總神社的地位及歷史而自豪，正殿為並排山牆歇山式的雄偉建築風格，以「比翼入母屋」工法，即將兩片屋頂結合的建築構造，屋頂是最大特色，被列為日本國寶。本殿與參拜殿加起來超過100坪，是國內少見的碩大規模。比翼入母屋造的優美建築也被說是「吉備津造」。本殿南端約400公尺處有個迴廊，迴廊中的花園隨著四季更迭，萬紫千紅，爭奇鬥豔，能夠欣賞不同花季之美。因舉辦「鳴釜神事」而聞名的國家指定重要文化財——御釜殿也鎮座於此。

　　桃太郎夫婦一同被供奉於此，沿著筆直延伸的迴廊前進，兩旁可欣賞到四季花卉。包含春季的櫻花、5月的牡丹花和杜鵑花，特別是每年6月紫陽花盛開的紫陽花園更是值得一睹風采。

　　當地出身的昭和政治家犬養毅，其祖先犬飼健命是大吉備津彥命的隨神，因此犬養毅對吉備津神社的敬意極高，甚至親自揮毫吉備津神社的社號，在神池池畔建有犬養毅的銅像。

▲ 神社入口處旁的小商店　　　　　　　　　▲ 神社內最著名的迴廊

(→) JR桃太郎線（吉備線）「吉備津站」，步行約5分鐘

(✉) 岡山市北區吉備津931

(🕐) 06：00～18：00

($) 免費參觀

(http) www.kibitujinja.com

▲ 長達400公尺的氣派長廊為神社內　　　　▲ 國寶級的比翼入母屋造本殿與參拜殿
　　最大特色值得一看

知識錦囊　鳴釜神事

　　吉備津神社對於求姻緣或祈求夫妻感情圓滿相當靈驗，因此許多人前來祈求好姻緣或夫妻感情圓滿，社內的御守種類繁多，其中桃子形狀的戀愛御守「桃守」是最廣受喜愛的紀念品，適合年輕女子祈求戀愛順利或好姻緣，買回去當伴手禮也很不錯喔。更特別的是，吉備津神社利用釜所鳴發出的聲音占卜吉凶的「釜鳴神事」可是岡山獨有的體驗，要不要來占卜一下你的有緣人在何方啊？

用意

藉由釜發出的聲音，占卜向吉備津彥祈求的願望可否實現。

典故

溫羅傳說是以「桃太郎打鬼」為藍本所衍生的傳說。很久以前，吉備國的百姓過著相當平安幸福的生活，但有一天，國內突然傳來謠言說，有個來自百濟國，名叫溫羅的惡鬼，在吉備國作亂，擾亂人民生活。溫羅的體型魁梧得驚人，眼睛

▲ 桃太郎造型的御守與籤詩

大且充滿血色，留著一頭怪異的紅髮，住在鬼城。村民向朝廷求救，吉備津彥被派去對付溫羅。他在吉備的中山布下疑陣，一舉擒下溫羅的首級，並將頭吊起來，然而溫羅的頭不斷發出悲鳴，讓人民十分困擾。吉備津彥將頭埋到御釜殿的下面，問題依然沒解決。後來溫羅出現在吉備津彥的夢裡，說道：「讓我的妻子阿曾媛在御釜殿的下面生火吧！若有好事降臨，釜會發出響亮好聽的聲音；如果有災厄來臨，釜會發出雜亂的聲音。」在這之後，溫羅的悲鳴奇蹟似地消失了。從此之後，御釜殿每年會根據釜所發出的聲音判斷一年的年運好壞，這就是所謂的「鳴釜神事」。

占卜步驟

本殿參拜完後，到社務所申請「鳴釜神事」，「心願成就」或「良緣成就」二選一，接著到祈禱殿去參拜，經過長廊，來到御釜殿體驗「鳴釜神事」。釜所發出的聲音代表吉或兇，所祈求的願望能否實現，則由你自行判斷囉。

🕐 欲體驗者請在09：00～14：00申請

🈺 每週五

💲 祈禱3,000円

▲稻荷神社正殿　　　　　　　　　▲稻荷神社舊殿

🖥 最上稻荷山（妙教寺）

　　最上稻荷與伏見、豐川並列為日本三大稻荷大社，是祈求生意興隆、家人平安、五穀豐收的祈福名勝。約1,250年前由報恩大師開設，以「神佛合一」為名的古老寺廟，是岡山縣內唯一一所在明治初年成功規避「廢佛毀釋」迫害的宗教場所，就外觀上來說，雖稱作寺院卻設有鳥居，至今本殿依然保存「神佛共存」的祭祀型態。

　　寬保元年（1741年）建立的靈應殿（舊本殿）與大鳥居被指定為岡山市重要文化財。現在的本殿（靈光殿）建立於昭和54年（1979年），明治14年（1881年）建立的根本大堂逐漸腐朽，於平成18年（2006年）移轉翻修，正式名稱為「最上稻荷山妙教寺」，由於位處岡山市北區高松地區，因此也被稱作高松稻荷。前往參拜可購買愛心型結緣御守為紀念品，祈求招來美好緣分。

　　每年初詣（日本過年正月初一拜拜）前來參拜的人數為岡山縣內最多的，院內以盛大的節分撒豆最為有名。多數人會前往本殿參拜最上尊，祈求生意興隆、家人平安、五穀豐收等。結緣相關的末社舉行的祈願活動，則有杜絕惡緣的「斬爛桃花」與結良緣的「結緣」兩種儀式，滿足每個人不同需求，人氣非常地旺。

　　坐落在以水攻而聞名的備中高松城址以北的龍王山，山離建造雄偉壯觀的正殿，也因供奉商業之神而吸引眾多信徒。

▲ 超大鳥居 在「JR備中高松站」即可看見最上稻荷山高27.5公尺的超大鳥居

知識錦囊 備中高松水攻歷史典故

備中高松城是戰國武將清水宗治的居城，是戰國時代典型的平城跡。天正10年（1582年），羽柴秀吉奉織田信長之命，率領三萬大軍攻打備中高松城。秀吉對城主宗治誘之以利，說服他投降，然而重情重義的宗治毫不領情。最後，秀吉採用軍師黑田官兵衛的計策，以軍糧攻擊取代水攻。與此同時，秀吉負責的長達3公里的堤防工程也在短短的十二天內完成，是史上相當有名的政績。

6月2日清晨，信長進入京都本能寺討伐明智光秀，秀吉掩蓋這事實並告訴毛利方的軍師安國寺惠瓊，只要取得宗治的人頭就能談和，城兵也能免於一死。聽到這樣的條件，宗治承諾「能夠確保主家的安泰與5,000名城兵的性命安全，我願意在明天4日切腹」。6月4日，宗治乘著小船，享用著秀吉招待的美酒佳肴，跳著誓願寺的曲舞「無常人生，今天依舊如此，武士的名聲長存高松的青苔上」，留下生前最後的歌曲，然後揮刀自殺，為他46年的人生畫下句點。本丸跡留有宗治的首級與辭世的歌碑，秀吉認為宗治的精神是武士的典範。

「緣之末社」的兩緣參拜

　　「緣之末社」著名的特徵是為結良緣而斬除爛桃花的「緣切祈願」。「緣之末社」同時供奉專斬惡緣的「離別天王」及促成良緣的「緣引天王」兩大神明，「斷緣」與「結緣」本是相反的兩件事，但將這兩件事結合一起，建立「脫離惡性循環，新的邂逅降臨」的關聯性，故兩相參拜後惡緣遭斷，良緣隨後就來，是日本國內非常少見，可同時祈求斷惡緣、迎善緣的能量據點。

　　每個月的7日（1月除外）「緣之末社」稱之為御緣日，廟中的僧侶會傳授正統的參拜方式，特別舉辦祈福、寺廟巡禮、授予結緣御守的活動，也可以跟僧侶邊喝茶邊進行緣之對談喔！

斬惡緣：「離別天王」不只是處理男女之間的惡緣，連疾病或惡習也能一併斬斷。請在緣切板上寫下心願，誠心祈禱。

兩緣參拜方式：
1. 向「最正位離別天王」祈求斬惡緣
　　投入300円拿取緣切板，寫下斬斷惡緣的心願後，向最正位離別天王參拜。接著向緣切撫石參拜，這時兩手拿著緣切板面向撫石站好，心想著惡緣退散，開始順時針方向繞撫石一周，然後將緣切板折成兩段，右手邊撫摸撫石邊默念心願。將緣切板交給奉納所後，接著參拜促成良緣的「最上位緣引天王」，最後記得從白色鳥居出去。
2. 向「最上位緣引天王」祈求良緣
　　投入600円拿取緣結繪馬，寫下祈求好姻緣的心願，向「最上位緣引天王」參拜，接著參拜良緣撫石。請兩手拿好緣結繪馬面向撫石，心中默念成就良緣，逆時針方向繞撫石一周後，左手邊撫摸撫石邊默念心願，最後將緣結繪馬交給奉納所，從紅色鳥居離開。

➡ JR桃太郎吉備線「備中高松站」，步行需30～40分鐘，
　　建議搭乘計程車約5分鐘，車資約1,000円

✉ 岡山縣岡山市北區高松稻荷712

🕐 05:30～19:00

$ 免費參觀

http Www.inari.ne.jp

①

📷 備中國分寺

　　為了祈求國泰民安，天平13年（741年），依據聖武天皇的御旨所建造的國分寺之其中一間，教派為真言宗御室派，山號是日照山，本尊為藥師如來。南北朝時代，奈良時代的七重塔（推測高度50公尺）被燒毀，文政4年（1821年）另覓地點開始重建，弘化年間（1844年～1847年）完工，強烈保有江戶時代後期的風格，是岡山縣內唯一一座五重塔，但據說最初是計畫建造三重塔，1～3層以櫸樹為主，4～5層則是松木為主要建材。

　　從國分寺南側的縣道270號線過來，可看到映照在赤松丘陵地的五重塔剪影。春季來臨，盛開的油菜花與蓮花相互輝映；滿滿的大波斯菊，則為涼爽的秋天增添迷人繽紛的色彩。

❶～❹ 遠眺備中國分寺，盡覽田園風光

　　提到吉備路，腦海中最先浮現的就是這裡的景色，是個散步好去處。不管時代怎樣改變，都想為後代子孫保存日本原始美景，就在這裡。

　　備中國分寺屹立在悠閒寧靜的田園風光中。縣內唯一的五重塔被指定為國家重要文化財，是吉備路的象徵。雖然交通稍微不便，富有歷史氣息的夢幻田園景色仍值得一遊，擁抱自然美景，日本的原始風景無限蔓延，給五重塔添上了鮮豔的色彩。

➡️ JR桃太郎吉備線「備中高松站」或「總社站」，搭乘計程車約10分鐘，車資約1,500円

💲 免費參觀

❗ 主要是「備中高松站」與「總社站」的排班計程車最多。可與計程車司機約定回程時間，通常司機會給名片，備中國分寺對面的土產商店亦可代為叫計程車

🏯 武家屋敷

　　吉備路的東北邊有個地方叫足守陣屋町，由豐臣秀吉正室北政所寧寧的親哥哥木下家定為首，開啟足守藩25,000石的歷史，這段過往史事隨著足守川的清流，綿延至今。

　　寬敞的土地上整齊並排的民房，是以日本建築的千本格子或切子格子的形式排列，從中可感受到當地淡雅有品味的機能性美感。另外，舊足守藩侍屋敷的代表——足守藩家老杉原家的老家就在周邊不遠處，宅邸被白色牆壁的長屋門與土牆所圍，屬於「武家書院造」風格，是現代和風建築的原型。武家屋敷在明治維新改革後快速消失，透過保存良好的足守藩家老杉原家宅邸，能夠清楚了解武家生活的風貌，實屬珍貴的建築。

　　此處雖然致力提振觀光，仍是稀落的人潮，若是厭倦城市喧囂，可到此處享受日本鄉下的寧靜。

❶ 武家屋敷舊宅建築外觀 / ❷ ❸ **備中足守街道展示館：**再現江戶時代後期商家，館內展示由當地人親手製作的神樂面具等民間工藝品 / ❹ **舊足守商家藤田千年治邸：**建於江戶時代末期，明治時期後變為瓦片凹凸相扣的歇山式二層建築，也是反映當時足守商家風貌的寶貴建築 / ❺ ❻ 近水園正門與湖邊景色

📷 近水園

　　足守區以及與木下家頗有淵源的小堀遠州流池泉迴遊式庭園，行有餘力也相當推薦一訪。樹齡百年的楓樹、櫻花木、朴樹圍繞著近水園，池中巧妙地配置鶴島與龜島，是個治癒效果滿點的能量區，許多遊客為了獲得生活上的療癒而前來造訪。特別推薦春天來賞櫻，秋季來賞楓，牡丹盛開的季節也別錯過囉！由於各個景點均處平地，最適合踩著腳踏車悠閒地遊玩！

| ➡ JR桃太郎吉備線「備中高松站」，搭乘計程車約10分鐘

倉敷市 | Kurashiki

訴說昔日繁華的靜謐街道

　　倉敷在德川幕府時期即以直轄的天領地而得以繁榮，有效利用博物館以及日式風情的咖啡館，呈現古今的生活和諧，沉穩的風情迷人，一直是岡山縣的著名觀光區。

　　倉敷市是面向瀨戶內海的岡山縣第二大城市，江戶時代是商人之都，明治時代成為纖維工業之城，近年則轉型成瀨戶內海沿岸的重工業區。受惠於當地溫暖氣候及肥沃豐饒的大自然，農業與漁業也相當發達。

　　由白壁建物、充滿搖曳生姿柳樹林的美觀地區所形成的「倉敷區」、瀨戶內海國立公園綺麗海景所形成的「兒島區」、日本數一數二的工業要地「水島區」、充滿鄉愁氣息的繁榮港都「玉島區」、巨峰葡萄或甜豆的一大產地「船穗區」、寧靜優美的竹林街區「真備區」等，不同地區皆有其特殊的氛圍，請好好享受文化觀光都市倉敷豐富多元的樣貌吧！

❶

景仰昔日榮景的天領街區

　　溫暖的氣候，高梁川帶來豐厚的大地恩惠，這就是倉敷的特色。自古以來便是交通要地，高梁川支流—倉敷川是當地有名的運河，許多商人在此建立倉庫，聚集來自四面八方的貨物，久而久之就成了備中地區重要的商業中心。

　　江戶時代，倉敷為幕府直轄地「天領」，大規模開發新田，使其發展成熱鬧的街道，街區的原型也就逐漸成形。明治時代以後，水運產業逐漸衰退，以大原家為首的倉敷商人開始活躍，因此經濟復甦，整個街區開始整備。遊走在現在的倉敷市街地中心，由倉敷川河畔「美觀地區」或鶴形山南麓向外延伸的「本町・東町」，美麗如畫的街景引人入勝，回想舊時光的點點滴滴。從JR倉敷站往南徒步走約10分鐘，就能看到倉敷觀光的中心地帶。

　　倉敷美觀地區則是倉敷小河與鶴形山山腳下構成的的一小部分區域，亦列為國家保存地區，完整保留日本歷經江戶、明治與大正時期的白牆建築和西洋文化建築，現在那裡的中國銀行也是古建築。

❶～❸ 傍晚時分的倉敷老街道

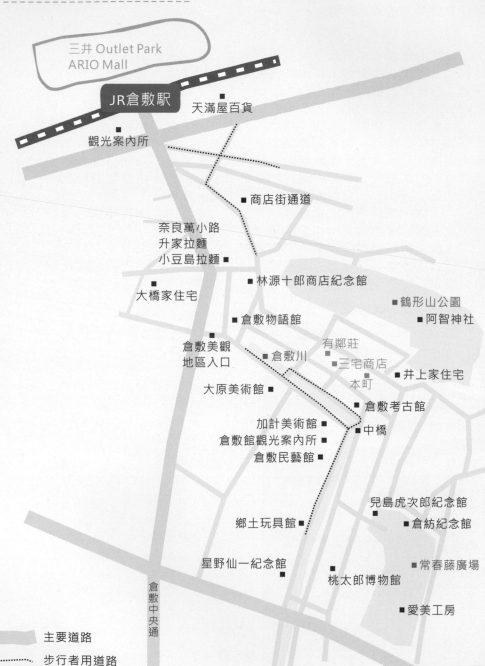

三井 Outlet Park
ARIO Mall

JR倉敷駅　　■ 天滿屋百貨

■ 觀光案內所

■ 商店街通道

奈良萬小路
升家拉麵
小豆島拉麵 ■

■ 林源十郎商店紀念館

■ 大橋家住宅

■ 鶴形山公園

■ 阿智神社

■ 倉敷物語館

倉敷美觀
地區入口　■ 倉敷川

有鄰莊
■
■ 三宅商店

本町

■ 井上家住宅

大原美術館 ■

■ 倉敷考古館

加計美術館 ■
倉敷館觀光案內所 ■
倉敷民藝館 ■

■ 中橋

■ 兒島虎次郎紀念館

■ 倉紡紀念館

鄉土玩具館 ■

星野仙一紀念館 ■

■ 常春藤廣場

■ 桃太郎博物館

■ 愛美工房

倉敷中央通

▬ 主要道路

⋯⋯⋯ 步行者用道路

倉敷美觀地區巷弄內，坐落相當多特色咖啡館與餐廳：

❶ 小豆島拉麵店旁的咖啡麵包店

❷ 位於奈良萬小路咖啡館

❸ 倉敷美觀地區入口處，龜遊亭餐館

❹ 面向倉敷川，牆面佈滿藤蔓的咖啡館

📷 JR倉敷車站

　　JR倉敷車站北口方向，以「倉敷森林」為概念，打造綠意環繞的購物環境，享受悠遊自在的購物樂趣。首先會看見ARIO KURASHIKI大型複合式賣場，服飾百貨、美食街，應有盡有。繼續穿過ARIO KURASHIKI賣場，則會到達三井OUTLET PARK倉敷店，號稱中國地區最具規模的暢貨中心，超過120家服飾、家飾用品及歐美運動品牌。

　　往倉敷車站南口方向，左邊是天滿屋百貨，沿著天滿屋百貨的天橋往下走，可直通倉敷站前商店街（倉敷中央通），直達倉敷美觀地區，但在這之前，請先至倉敷車站南口右邊的「倉敷站前觀光導覽所」拿取觀光情報喔！

> ➡ 持「關西廣域鐵路周遊5日券」無限搭乘JR在來線(伯備線或山陽本線)列車，
> 　 前往「JR倉敷車站」遊玩

倉敷站前觀光導覽所

➡ JR倉敷車站南口

✉ 岡山縣倉敷市阿知1-7-2西大樓2F

🕐 09:00～19:00（4～9月），09:00～18:00（10～3月）

🌐 www.kurashiki-tabi.jp/for/tw/bikan.html

❶ Ario商場 / **❷❸** 三井Outlet / **❹** JR倉敷車站

◀ 倉敷站前觀光導覽所

▲ 直通倉敷站前商店街

📷 倉敷著物小町

　　走在倉敷美觀地區，不妨穿上自己喜歡的和服，著裝後散步於倉敷街道上。倉敷是國產牛仔布發祥地，只有這兒才有各種樣式和圖案的牛仔和服可供選擇，非常適合散步於風情萬種的日本街道。

➡ JR倉敷車站前步行10分鐘

✉ 倉敷市阿知3-3-1

🕐 09:00～19：00

http www.kimonokomachi.jp

■ 倉敷美觀地區 ■

倉敷美觀地區，地如其名，有著許多美麗的白壁及傳統建築，在這充滿歷史古味的街道上，可以感受傳統日本文化的優美，同時也能感受到當地生活方式的美好，如今作為一個觀光勝地，深受大家愛戴。一起來個輕旅行，探尋更多倉敷的美好吧！

櫛比鱗次的格子屋窗，在水面留下倒影的成排柳樹，構成多樣面貌的倉敷川畔街道和古老宅邸。江戶時期與明治時期由倉庫改建的倉敷民藝館、倉敷考古館等，傳統建築聚集之密，不難想像昔日的繁華，大原美術館與販售各式工藝品倉敷館的西式建築毫無違和感地嵌入街景，交錯為懷舊與摩登現代的特色，古宅變身為藝廊、茶館與咖啡館等個性商店林立。成為岡山縣最為人知的地標與必遊景點。

江戶時代開始為貨品集散地而繁榮一時的倉敷，最出名的景點就是河岸邊的柳樹配上白牆，散發江戶風情的老街與匯集世界名畫的大原美術館。不管來幾次都能體驗不同的感受。

📷 倉敷館觀光導覽所

　　在倉敷川岸中間處有一顯眼白壁洋風建築物，就是觀光案內所，西式風格的木造建築是日本國家登記的文化財，可在此短暫休憩，這裡提供旅遊諮詢服務、購買此區博物館套票、洗手間、嬰兒車、輪椅出租，設置投幣式置物櫃以及免費Wi-Fi。

🕐 09:00～18:00

休 12/29～12/31

❗ 3～11月的每星期六晚間特別營業

❶ 倉敷美觀地區胡同巷道 / ❷～❹ 乘著小舟貫穿倉敷美觀地區的風情活動

📷 倉敷川遊船

　　倉敷川過去因運送物資而發達，想體驗川上風情可嘗試觀光川遊船，隨著小舟緩緩前進，彎下腰可望見岸邊連排的白壁屋景倒映在川河上，眺望白牆建築，更顯美麗無比。

🕐 09:30～17:00（每30分出船，行程約20分鐘）
　　冬季運行日：12～2月只有星期六、日、國定假日營業（年底與年初皆停駛）

休 3～11月第二個星期一

$ 500円

ℹ 售票處：倉敷館觀光案內所

旅行小抄 EBISUYA 人力車

　　EBISUYA人力車一直是頗受觀光客喜愛的體驗活動，這些穿著傳統紅色背心服飾的車伕就是最特別的私人導遊，隨著人力車伕穿梭小巷弄中的私房景點，帶著旅客暢遊各地，若想探索只有內行人才知道的私房料理、伴手禮、文化及歷史資訊，不必懷疑，他們絕對毫不藏私大放送，遊倉敷一定不能錯過！

✉ 主要乘車地點：倉敷物語館前、倉敷川中橋

🕘 09:30～日落（根據季節有調整）

💲 3,000円起

路線：

1.30分鐘美感之旅：倉敷物語館、本町東町、中橋、今橋、倉敷物語館

2.1小時之旅：倉敷物語館、本町東町、中橋、高砂橋、今橋、大橋家住宅、倉敷物語館

3.2小時極致之旅：倉敷物語館、阿智神社參拜、本町東町、中橋、今橋、大橋家住宅入館參觀、倉敷物語館

🖼 大橋家住宅

　　大橋家在江戶時代因開發新田和鹽田獲得了巨大的財富，在1796年（寬政8年）建造了大橋邸，被列為倉敷商家代表性之一，日本指定國家重要文化財。過去通常一般的商家是不允許面向街面建造的，長門屋大橋家建有倉敷式的窗子，倉敷式的鐵格子等完備防火的設計，使其免於第二次世界大戰的戰火摧殘，現在依然留存著往日商家的姿態，以及厚重的建造特徵。大橋家也是日式傳統建築的重要遺產，保留了古老的倉敷建築藝術，請脫鞋入內感受其精巧且優雅的房子氛圍。

➡ JR倉敷站步行15分鐘
（倉敷美觀地區入口處對面）

✉ 倉敷市阿知3-21-31

🕐 09:00～17:00（4～9月週六延長至18:00）

💲 500円

🖼 倉敷物語館

　　從江戶時代到昭和初期保存至今，是留有長屋門或倉庫等昔日建築風格的古民家，東大橋家住宅的祖厝、4座倉庫及中庭，已經全面改裝成觀光文化景點。館內有展示室或多目的洗手間，供遊客免費自由進出。如果想找個寧靜場所好好休息，裡面也有咖啡廳陪伴你度過美好時光。

✉ 岡山縣倉敷市阿知2-23-18

🕐 4～11月：09:00～21:00
　　12～3月：09:00～19:00

🚫 12/29～1/3

💲 免費參觀

🖥 大原美術館

　　日本西洋畫藝術家兒島虎次郎早年曾向大原孫三郎提議，當時的日本並沒有真正的西洋繪畫收藏，對於想鑽研繪畫的人來說非常不便，大原孫三郎聽後，承諾兒島虎次郎會想辦法改善如此惡劣的學習環境，提供日本人接觸西方藝術的機會。1930年，為歌頌逝世的兒島虎次郎之功績，倉敷的企業家與慈善家大原孫三郎創辦大原藝術博物館。這家私人藝術博物館是日本歷史最悠久的，也是首座私立收藏西洋美術館。

　　美術館展覽艾爾葛雷柯、高更、莫內、亨利馬締斯等重量級畫家的傑出作品，這也是現在大原藝術博物館的主要特點。另外亦收藏了中國和埃及的藝術作品，碰撞出更豐富的藝術本質，以及西方和東方藝術的衝突美感，大原美術館希臘神殿風格的外觀幾乎成為倉敷美觀地區的地標，也為倉敷增添了幾分國際藝術氣息。

　　大原美術館分為本館、工藝館、東洋館、分館、兒島虎次郎記念館，隔壁緊鄰著美術館商店，有相當精緻的禮品，值得帶回家收藏。

- ✉ 岡山縣倉敷市中央1-1-15
- 🕘 09:00～17：00
- 休 每週一（如遇假日、暑假和10月期間則開放）
- 💲 1, 350円（4個館共通券）
- http www.ohara.or.jp/201001/jp/index.html

🖥 加計美術館

　　加計學園與順正學園營運的加計美術館於平成14年（2002年）落成，主要展示倉敷藝術科學大學的教職員、在校生、畢業生充滿能量的作品，或是吉備國際大學文化修復的成果發表。

- ✉ 岡山縣倉敷市中央1-4-7
- 🕘 09:00～17：00
- 休 每週一
- 💲 300円

📷 倉敷考古館

　　從倉敷川中橋往正面望去，是典型的倉敷美觀地區美景，側面的張瓦設計也極具特色。老倉庫搖身一變為考古展覽館，館內主要展示吉備（岡山縣與廣島東部）地區的出土文物。

- ✉ 岡山縣倉敷市中央1-3-13
- 🕐 09:00～17:00（3～11月）
  　09:00～16:30（12～2月）
- 休 每週一、二，12/29～1/2
- 💲 400円

📷 倉敷民藝館

　　位於倉敷美觀地區倉敷川沿岸的街道上，是個相當重要的歷史景點。原本是江戶時代後期建造的米倉，白牆上配有大格子窗，推開鋪滿黑色瓦片的土藏（倉庫），可看到石頭堆疊而成的中庭，這樣古老的建築風格彷彿已被人們遺忘。

　　館內收藏了來自國內外用於日常生活的民俗工藝品，包括陶瓷器、玻璃製品、染織品、漆器、木工金工品、紙工作品、民畫等超過15,000件藝術作品。由倉庫改裝而成的展示室，地板採用微反光材質，配上漆食壁的溫和安定感，散發出與民藝品相襯的氛圍。不論是常設展示的唐朝陶器或德國、義大利的古物，還是倉敷當地的倉敷玻璃品，所有館藏都是全國一流、最上等的藝術品。

✉ 岡山縣倉敷市中央1-4-11

🕐 09:00～16:15（12～2月）/09:00～17:00（3～11月）

休 每週一，12/29～12/31

💲 700円

📷 日本鄉土玩具館

　　同樣將古早米倉老屋新生，展示集結來自全日本各地約5,000件的鄉土玩具，在中庭四周的畫廊與紀念品店遊客絡繹不絕，相當有人氣，唯獨展示館必須購票。內部也設有咖啡廳提供飲食、休憩的服務，川畔悠閒散策經過，可順道添購可愛紀念品喔！

✉ 岡山縣倉敷市中央1-4-16

🕐 展示館 09:00～17:00
　　紀念品店 09:00～18:30

💲 400円

📷 星野仙一紀念館

　　展示倉敷市出身的前職業棒球選手星野仙一超過400件的手套、制服、獎盃、照片等相關物品。

✉ 岡山縣倉敷市中央1-10-11

🕐 展示館 10:00～17:00

💲 500円

📷 石磚道

　　江戶時代運送米袋的搬運道，因為鋪上石磚，車子通過也不會留下車痕。從倉敷川到舊倉敷紡織所，這段路程還保留舊有的小巷弄。

🖥 本町‧東町

　　隨著靜謐的時間流逝而生生不息的街區,穿越鶴形山南麓東西向的道路曾經是供商人行走,從倉敷到東邊的要道,同時職人們店鋪並列,帶動當地發展,比倉敷川沿岸更早形成熱鬧的街區。在本町‧東町的邊界,有著與倉敷川河畔不同的趣味,能夠舒服地感受到時間的流動。

　　保有傳統町屋特殊格子窗戶的店鋪或住宅現在依舊並列著,在那兒的住民生活場景歷歷在目,寧靜中卻充滿著鄉愁。這樣的建築,這樣的氛圍你一定會愛上它。近年來,由倉庫與町家改裝的咖啡廳、畫廊、雜貨店、居酒屋陸陸續續開幕,也為本町‧東町的邊界增添不一樣的魅力與風貌。老店鋪「倉敷屋」、「倉敷帆布」以及mt紙膠帶「如竹堂」皆在此,快來尋寶吧!

| ➡ 平行於倉敷川的老街道

❶～❸ 本町上的商店與街道

📺 林源十郎商店

　　1657年，林源十郎商店原本是間藥局，積極服務當地民眾，為社會貢獻良多。2012年春季，陸陸續續有8家店鋪進駐於此，他們承襲原有的服務精神與屋號(店名)，「林源十郎商店──倉敷生活設計市集」就此誕生，專門提供「豐富的生活」之諮詢服務。從本館的屋簷便能感受到先人代代傳承下來的老倉敷生活方式，林源十郎商店便是為了傳遞生活的豐富感而存在。

✉ 岡山縣倉敷市阿知2-23-10
🕐 10:00～18：00
💲 免費參觀
http www.genjuro.jp

❶ 林源十郎商店 / ❷～❹ 阿智神社

📺 阿智神社

　　坐落於倉敷美觀地區鶴形山山頂的阿智神社，現今神社名取自阿知使主一族的故事，供奉宗像三女神，還有蓬萊樣式的鶴龜盤坐，以及樹齡古老的日本第一曙藤「阿知之藤」盛開美景，可經由長長的階梯，自由入內參觀。

✉ 岡山縣倉敷市本町12-1
🕐 08:00～17：00

📷 井上家住宅

這是倉敷現存最古老的町家，市政府指定重要文化財，在本町井上家住宅僅存的傳統倉敷窗，裝上石灰泥的單開式門扉，作為防火用。不過現在正進行維護、保存工程，預計2018年4月開放參觀。

📷 楠戶家住宅

表屋造主屋二樓的虫籠窗，留下許多明治時期代表性的町家風貌，現已化身為和服店。表屋造是京都常見的町家建築之一，面向道路的前棟建築物作為店鋪，後面的部分則是住家，兩棟中間以中庭區隔，以細小的玄關棟連接。虫籠窗主要出現在石灰泥塗屋的町家建築2樓，縱向陳列格子作為通風口之固定形式（如同「皿」字形），現在正在進行保存修理工程，因此暫停開放。

稍微繞遠路 倉敷的有趣風景，楠戶家住宅(東町)簷前的街燈，銅與玻璃絕妙的結合傳遞出明治時代陳舊卻獨到的味道。舟釘是木板上等間隔打入的釘子下方，拉出一條彷彿雨滴模樣的黑色尾巴，這是其他町家看不到的特殊風格。小胡同（ひやさい），「ひやさい」的說法是倉敷當地的方言，發音很像「ひがさす」，陽光普照的意思。然而「ひやさい」卻恰好相反，是陽光很淺的意思。

沿途可見瓦上爪蓮花，以平瓦與丸瓦交互舖蓋而成的黑銀屋簷，將爪蓮花的根埋入平瓦下的土裡，讓它慢慢在那裡生活、成長，悠閒散步的同時，可別忘了抬頭尋找一下少見的瓦上爪蓮花喔！倉敷格子、上下相通的親豎子之間，上端插入3支切削過後細短的豎子，形式上被稱為「親付切子」的格子。海參壁，牆壁貼上正方形的瓦，接縫處塗上漆，使其平整，斷面很像海參的形狀，故取名海參壁。東町通的入口立有一石碑，江戶時代街道的遺跡，上面刻著「右瑜伽山、下津井、下村、不洗觀音寺道」等地名。

❶❷井上家戶楠家位於本町老街上

❶～❸ 常春藤廣場與商店

📷 倉敷常春藤廣場

又稱倉敷愛美廣場（Ivy Square），由明治22年（1889年）所蓋的紡織工廠改建而成的綜合設施，其紅牆青藤尤為引入注目。這裡原本是江戶幕府代官所的所在地，也是倉敷紡織的發源地，廣場內有飯店、餐廳、倉紡紀念館、兒島虎次郎紀念館、音樂盒博物館、工房體驗設施、紀念品店等，紅磚與蔦紅葉相映而成的風景也不容錯過。

處在廣場裡的商店AIRISH（藍染め），以販售染布商品為名，店內陳列多款精美染布包包、服飾，相當別致，每一款皆是獨一無二的設計，絕對不會有撞包的尷尬。

✉ 岡山縣倉敷市本町7-2

🕐 11:00～17：00

🈺 每週一

http www.donbla.co.jp/airish

兒島虎次郎紀念館▲

📷 兒島虎次郎紀念館

國家登記之有形文化財，以愛美廣場內的倉庫改建而成。

✉ 岡山縣倉敷市本町7-2
（虎次郎紀念館位於廣場內）

🕐 09:00～17：00
（最後進場時間為16:30）

🈺 每週一

💲 1,300円
（與大原美術館全館共用套票）

📷 五十嵐優美子美術館

少女漫畫界大師五十嵐優美子（卡通小甜甜作者）的美術館，館內有非常特別的「公主體驗」，另外還設有原作畫廊或紀念品店，裡面充滿著許多人氣少女漫畫，深受女生喜愛。

✉ 岡山縣倉敷市本町9-30

🕐 10:00～17：00

💲 600円

📷 桃太郎機關博物館

展示關於桃太郎的歷史資料、影片、人偶等，以及日本傳統浮世繪，營造視覺上的變化設計多款有趣的機關娛樂設施，進到此可體驗各種驚奇的機關裝置，相當特別。另外也可覓得別處買不到的，關於桃太郎傳說相關周邊紀念品。

✉ 岡山縣倉敷市本町5-11

🕐 10:00～17：00

💲 600円

http momotarouno-karakurihakubutukan.sitemix.jp

1 五十嵐優美子美術館
2 桃太郎機關博物館
3～8 美觀地區夜間燈飾照明

旅行小抄 夜間景觀照明

療癒人心的奇幻「光」景

　　夕陽西下，倉敷美觀地區被柔和的光線覆蓋，這裡的景觀照明乃由世界知名的設計師石井幹子操刀，倉敷市與周邊住民共同合作完成，因應電路地中化所設置的照明，在古色古香的本町、東町通散發出柔美溫和的氣息。透過景觀照明的調和，晚上的美觀地區展現了跟白天完全不同的風貌，一定讓你心滿意足，大飽眼福。

　　來個夜間散步吧！黃昏時刻一到，許多攝影愛好者早就架好工具，準備好好捕捉倉敷川畔的日落美景。倉敷川沿岸的朦朧燈火，為美觀地區夜間景觀，更增添幽古情懷。

5

6

7

8

🌳 倉敷帆布（美觀地區店）

　　「倉敷帆布」在日本帆布市場有將近7成的市占率，倉敷本身就是帆布製品歷史悠遠的地方，強調以天然素材製成有溫度又耐用的帆布，一個簡約的肩背包、零錢包或筆袋即能見識日本傳統工藝的獨到之處。

✉ 倉敷市本町11-33

🕐 10:00～18:00 /17：00～23：00

http www.baistone.jp/shop

🌳 三宅商店

　　舊房子化身為文創飲食店，這棟江戶時代的町家建築，如今店內販售多種文創生活雜貨，兼賣餐點與冰品，其中以咖哩飯最為高人氣，還有料多澎湃的水果聖代，若是逛累了，這是一處既可享受悠閒寧靜，又能填飽肚子的好地方。

🕐 平日11:30～17:00
　　週六11:00～20:00
　　週日08:00～17:00

🌳 升家拉麵

　　位在美觀地區的奈良萬小路有兩間人氣拉麵店，其一為「小豆島」拉麵店，另一間則是倉敷地區相當知名的「升家拉麵」，特色是選用當地食材熬煮而成新鮮湯頭，味道濃郁，尤以魚乾風味特別受到觀光客喜愛，營業時間經常是大排長龍，一位難求。

✉ 倉敷市阿知2丁目22番3-2號（奈良萬C棟1F西側）

🕐 11:00～16:00 /17：00～23：00

休 每週三

http www.kurashiki-ramen.com

🏮 如竹堂

有紙膠帶界精品之稱的ｍｔ紙膠帶，倉敷美觀地區的「如竹堂」可是大本營，以日本和紙製作的紙膠帶近幾年是熱門的可愛產品，和紙膠帶的優勢在於輕薄卻又強韌不易斷裂，黏著性佳不留痕跡，愛好者來到這裡更能隨心所欲選購漂亮、造型多變的熱門商品日本紙膠帶。

✉ 倉敷市本町14-5

🕐 10:00～17:00 / 週三11:00～17:00

🌐 nyochiku.906.jp

🏮 倉敷屋

地區有兩家「倉敷屋」，店裡擺滿各種形狀、用途的手工玻璃製品，精緻的程度並不亞於北海道的小樽哨子，深入人心的設計兼具美感與實用性，不論是自己買來作為擺飾，或依送禮對象挑選別具韻味的作品都非常理想，可盡情選購高貴不貴的倉敷玻璃，以及各式倉敷牛仔布製品。

✉ 倉敷市中央1-1-4

🕐 09:00～凌晨01:00

🌐 kurashikiya.co.jp

🏮 有鄰庵

每日限量80個的微笑布丁，是年輕觀光客的最愛。

✉ 倉敷市本町2-15

🕐 11:00～18:00

🌐 www.u-rin.com

🏮 襟立製帽所

著名的手工製帽老鋪。

✉ 倉敷市本町11-26

🕐 10:00～17:00

🌐 www.eritate.com

兒島市 ｜Kojima

　　兒島位在倉敷市南部，連接本州與四國的瀨戶大橋，著名的風景名勝鷲羽山就在這裡。江戶時代後期由於野崎左衛門從事製鹽業而發展成為鹽田王國，加上纖維產業的興盛發展，從江戶時代的真田紐（縱橫交錯縫製而成的繩索）開始、到大正時代的足袋、昭和初期的學生服，而後，1960年代開始製作日本國內首批國產牛仔褲。如今，從材質、染色、紡織、縫製、潤飾，到最後的加工，兒島以國產牛仔褲高科技生產中心的名號，享譽國內外。

　　先至JR兒島車站裡的觀光案內所，出了車站往左邊走，成排懸掛在空中的牛仔褲立即映入眼簾，是相當獨特的街景。

> ➡ 持「關西廣域鐵路周遊5日券」無限搭乘JR在來線（瀨戶大橋線）列車，
> 前往「JR兒島車站」遊玩

❶～❹ JR兒島車站周圍牛仔褲裝飾造景

▲ 野崎家舊宅　　　　　　　　　　▲ 桃太郎牛仔褲專賣店

📷 野崎家舊宅、野崎家鹽業歷史館

　　此為經營大規模鹽田事業的野崎左衛門宅邸，已列為國家指定重要文化資產，占地約3,000坪的氣派豪宅，由7棟倉房組成，另有鹽田資料與歷史可供閱覽。

✉ 兒島味野1丁目11-19

🕐 09:00～17:00

休 每週一、12/25～1/1

💲 500円

牛仔褲街

　　約150年前，除了商人野崎左衛門建立龐大製鹽業，此處也因纖維產業的歷史悠久，而被稱為纖維之城，1960年代，兒島因高超的手工技術，被稱為日本引以自豪的「日本牛仔褲」的聖地，也是日本牛仔褲的主要生產地。在這裡有約400公尺長的牛仔褲商店街，一家接著一家，全是出售當地牛仔褲品牌的店鋪，為了購買品質優良的兒島產牛仔褲，各地觀光客不遠千里來訪此處，儘管每件牛仔褲要價不菲，然而從布料、印染、剪裁、縫製皆是精細的日本手工，累積多年經驗的精湛技術始能高品質的牛仔褲。

→ 1.JR兒島站步行15分鐘
　2.搭乘假日限定行駛的循環牛仔褲巴士，於第二站「兒島文化中心（市民中心）」站前下車，即可看見超大牛仔褲商街指引
🕙 10:00以後營業
http jeans-street.com

循環牛仔巴士發車資訊	
起訖站	JR兒島車站　JR兒島車站
運行日	週五、週六、週日、國定假日
乘車地點	5號巴士月台(JR兒島車站左邊出口)
班次	總共6個班次，循環一圈約35分鐘
費用	170円

循環牛仔巴士發車時刻表						
JR兒島車站	09:40	10:30	11:30	12:50	14:50	15:50
天滿屋前	09:41	10:31	11:31	12:51	14:51	15:51
兒島文化中心前 (児島文化センター前)	09:43	10:33	11:33	12:53	14:53	15:53

＊以上資料時有異動，以現場或官方最新公告為準。

http 下津井巴士網頁 www.shimoden.net/rosen/kikaku/jeans.html

瀨戶內市 | Setouchi

夏日的海岸，令人怦然心動的寶庫

　　瀨戶內海眾多島嶼所形成的壯麗景觀與瀨戶大橋無與倫比的美景，堪稱世界一絕。此外，夜景、獲得國際高度評價的藝術精品、新鮮的漁獲、隨著四季更迭變幻萬千的花園，魅力滿載的瀨戶內海，讓你心跳不已。

　　陽光普照，波平穩定閃耀的瀨戶內海，與綠意盎然的12座島嶼島嶼交織成「多島美」的壯麗，可說是世界上的稀世美景，連貫這美景的瀨戶大橋更是雄偉壯觀。瀨戶內海每年舉辦國際藝術節。由岡山縣的宇野港乘船渡過平靜而美麗的瀨戶內海，欣賞個性豐富的藝術，感受島嶼上的美好時光！結交新朋友也是旅行的樂趣之一。

➡ 持「關西廣域鐵路周遊5日券」無限搭乘JR在來線（瀨戶大橋線）列車，
　 前往「JR宇野港」、「JR四國高松車站」遊玩

ℹ 由於「關西廣域鐵路周遊券」搭乘範圍可到四國的「高松」站，建議可利用
　 此券，於JR岡山車站免費搭乘「瀨戶大橋線」往四國方向，車程約1小時，進
　 行四國高松快閃之遊。當JR列車駛上瀨戶大橋，感受清爽海風的同時，也可
　 以體驗鐵路公路共構行駛，好似海上散步般，欣賞沿途的風景

📷 瀬戶大橋

　　瀬戶大橋於1988年(昭和63年)開通，是直接連結岡山縣與香川縣的本州四國聯絡橋之一。橋梁部分為9,368公尺，如果連高架橋一起算入，涵蓋上下兩層的道路與鐵路共13.1公里，堪稱世界上最高等級的橋梁群。海面上可看到吊橋、斜張橋、桁架橋等6種類型的設計，呈現氣勢磅礴的壯麗景觀。每週六或國定假日的黃昏後，橋上的燈一盞盞點亮，可盡情享受這優雅又浪漫的時刻。

▲ 壯麗的瀬戶大橋　　　　　　　　　　▲ 馳騁於橋上的JR列車

📷 瀬戶大橋周遊觀光船

　　航程由兒島觀光港出發到與島，在瀬戶內海大大小小的島盡收眼底的同時，更能近距離體驗瀬戶大橋的雄偉。

📧 JR兒島車站前3-23(兒島觀光港)

🕐 10：00、11：00、13：00、14：00 （僅8月加開15：00時段）

💲 成人1,550円、孩童780円 （3人以上始能出航）

ℹ️ 1. 周遊時間：約需15分鐘
　　2. 購票詢問處：JR兒島車站觀光案內所

🖥 宇野港

　　宇野港是四國、直島等瀨戶內海島嶼的門戶，聚集來自世界各地的大型客船，也是國際藝術色彩濃厚的水上交流平台，在港邊悠閒散步的同時，能夠觀賞許多珍貴的現代作品，享受藝術與潮騷之美。

▲ JR宇野車站，可通往四國　　　　　　▲ JR宇野車站，可通往四國

🖥 瀨戶內海國立公園

　　1934年(昭和9年)3月16日，瀨戶內海國立公園與雲仙、霧島一同被指定為日本首座國立公園，至2014年（平成26年）3月已經80周年。最初只有指定兒島地區的鷲羽山等備讚瀨戶一帶，後來追加指定才形成現今的規模。陸地面積有66,934公頃，合併海域面積就成了日本最大的規模。此處最大特徵是延伸至瀨戶內海一千多個大小島嶼所形成的內海多島海景，其中在兒島地區一帶，優美的自然景觀保存完善，如鷲羽山、王子岳、由加山、龍王山、通仙園等都是國家指定的特別區域，不論春夏秋冬都能盡情享受這裡的美好。

鷲羽山夕陽觀景巴士

　　鷲羽山(Washuzan)位於瀨戶內海國
立公園的特別區域，是瀨戶內海屈指可數
的展望地，不少旅客選擇住宿此區的飯店
，從山頂可將小島滿布的瀨戶內海與壯闊
瀨戶大橋全景盡收眼底，更獲得「日本夕
陽百選」。這裡提供有兩個瞭望地點，吸
引許多遊客前來此地欣賞瀨戶內海夕陽西
沉黃昏美景，夕陽的映照下，瀨戶內海時
時刻刻呈現豐富多變的絕佳景色！

　　坐落於鷲羽山山腳的下津井，是瀨戶
內海少數的漁港區，最有名莫過於新鮮美
味的海產。自然與景觀的肥沃土壤小心呵
護著傳統的價值及新時代的感性，這座城
市持續進化，永不止息。

❶～❸ 觀景台伴手禮商店

➡ 5號巴士月台（JR兒島車站左邊出口）

🕐 每週五、週六、國定假日前一天，需2小時10分鐘

💲 510円

🌐 www.shimoden.net/rosen/kikaku/yuukei.html

ℹ 夕陽鑑賞專車每日固定一班，出發之後依序至鷲羽山周圍飯店接應旅客，
之後到達夕陽展望台，停留15分鐘後，即發車回程JR兒島車站

夕陽觀景巴士時刻表

觀景巴士運行路線	4~5月	6~7月	8~9月	10~12月	1~2月	3月
JR児島駅	17:30	18:00	17:30	16:00	16:20	17:00
鷲羽山下電ホテル	17:40	18:10	17:40	16:10	16:30	17:10
鷲羽山ハイランドホテル	17:50	18:20	17:50	16:20	16:40	17:20
せとうち児島ホテル	17:55	18:25	17:55	16:25	16:45	17:25
三百山	18:10	18:40	18:10	16:40	17:00	17:40
鷲羽山展望台	18:45	19:15	18:45	17:15	17:35	18:15
各ホテルへ	19:00	19:30	19:00	17:30	17:50	18:30
JR児島駅	19:40	20:10	19:40	18:10	18:30	19:10

＊以上資料時有異動，以現場或官方最新公告為準。

巴士站牌與乘車處 ▲

▲ 高梁地區地上裝飾

▲ 車站前觀光案內所

▲ JR高梁車站

高梁市 | Takahashi

歷史文化的寧靜薰陶之町

　　高梁市是延應2年（1240年），由鎌倉時代的秋庭三郎重信在市街地的北邊、臥牛山的山頂開始建造房子為起源，到了明治維新以城下町之姿作為當地政治、經濟、文化的發展重鎮。歷經幾度興衰，其中以三村元親與毛利、宇喜多聯合合戰「備中兵亂」最為有名。到了江戶時代，水谷氏三代（1642～1693年）致力於備中松山城的改建與城下町的整頓，幕末時期，輔佐最高執政官板倉勝靜公（五萬石）重建藩財政的山田方谷也極富盛名，是個保有多項古蹟留存，具有歷史感的市町。

|**MAP**| 高梁市區圖 |

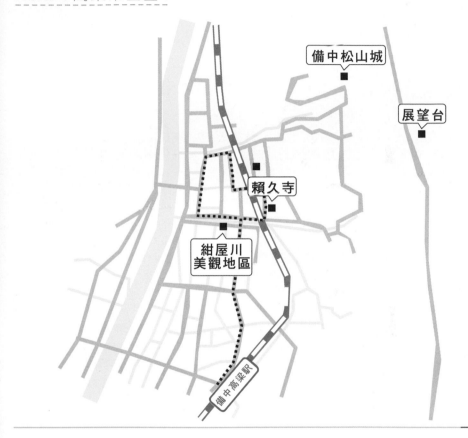

➡ 持「關西廣域鐵路周遊5日券」，由「JR岡山車站」無限搭乘JR伯備線特急
列車Yakumo號（やくも），前往「JR備中高梁車站」（Bitchu Takahashi）
遊玩，車程約35分鐘

JR備中高梁站前觀光案內所

✉ 岡山縣高梁市旭町1335-1

🕐 09:00～17:00

http takahasikanko.or.jp

🖥 備中松山城

　　備中松山城位於高梁市的北端，建造於標高430公尺，臥牛山的天守是國家指定的重要文化財，獲選為日本百大名城，也是保有現存天守的山城中最高的一座。備中松山城起源於鎌倉時代（1192~1333年），秋庭重信在大松山築城，1683年（天和3年）由水谷勝宗費時3年修築，完成今日所看到的天守樣貌。登城坂的周圍聳立高10公尺以上巨大且陡峭的石壁，複雜的地形給人難以攻下的威脅感。是飄浮於雲海之中，知名的天空之城。

　　此地為貫通南北，銜接東西的交通要道。戰國時期（1477~1573年）諸侯爭城奪塞，戰火不息，山城成為必爭之地，城內頻繁更換城主，演譯著歷史的興衰。崎嶇的山路通向山城，兩旁對峙聳立著十餘米高的懸崖峭壁，盡顯兵家所稱的易守難攻，固若金湯之不破名城風貌。蔚藍天空下的天守多姿多彩，白色石灰牆與黑色護板交相輝映。待到秋季，天守附近的樹林經霜染紅，峭壁掩映在火紅的層林中，蔚為壯觀，構成一道絢麗的風景線。

　　備中松山城的臥牛山是由大松山、天神之丸、小松山、前山4座山峰所組成，也是中國地區自然步道的延伸。位於小松山的備中松山城是唯一保有天守的近代山城。臥牛山一帶具備完整的中世紀遺蹟，可說是日本山城的典型代表。

> ➡ 由於前往備中松山城登山口距離JR備中高梁站有一段距離，建議搭乘車站前的計程車前往登山口，並與司機預定1.5~2小時後的回程車。回程時可在中途武家屋敷處下車，沿途拜訪其他名勝古蹟，信步走回JR備中高梁車站
>
> ✉ 高梁市內山下1
>
> 🕐 09:00~17:30（4~9月）/09:00~16:30（10~3月）
>
> 休 12/28~1/4
>
> 💲 300円

■ 備中高梁當地旅遊方案 ■

　　若想更方便一窺備中松山城奧妙，在這裡有提供「共乘計程車」方案，由在地導遊引領遊客攻略山城堡壘，引導完成特定的要塞，更道地體驗天空之城的無限魅力。

備中松山城導覽

- ➡ JR備中高梁站前觀光案內所（共乘計程車）
- 🕐 10:00～11:30 / 13:00～14:30
- 💲 500円（最少需2人）
- ℹ️ 建議遊逛備中高梁所需時間約3～4小時

備中松山城雲海鑑賞團

- ➡ JR備中高梁站前觀光案內所（共乘計程車）
- 🕐 9月上旬～4月上旬

① ② 尤其在秋冬季的清晨，能夠欣賞山城從雲海中現身的夢幻景象，秋季的紅葉將一整片
　　岩壁染紅的景色更是歎為觀止

③ 冬季積雪的時候，白雪覆蓋的天守閣和石牆另有一番風情！登山口，由此開始7公里
　　（約30分鐘）的登山路線，即可看見雲朵中的松山城

④ 備中松山城裹在晨霧中，取得一個夢幻般的景觀

⑤ ⑥ 登臨天守，仰望蒼穹，俯瞰大地，豪情油然而生

旅行小抄 高梁市名勝古蹟門票與共用套票

　　高梁市除了提供當地旅遊方案，並推出松山城與市區鄰近景點，共用套票，為遊客省荷包。

- 備中松山城　300円
- 高梁市鄉土資料館　300円
- 賴久寺庭園　300円
- 武家屋敷・舊折井家舊埴原家　2館400円

※以上4館共通券：900円

＊以上資料時有異動，以現場或官方最新公告為準。

❼～❾ 有天空之城美譽的松山城

📺 武家屋敷

　　充滿漆壁風格的舊折井家在江戶時代後期建造，當時的主人是大名身邊的騎馬武士，面向庭園的地方有間資料館。舊埴原家是江戶時代中期的建築物，融合寺院與數寄屋風的要素所打造出非常稀有的設計，被市政府指定為重要文化財。

　　武家屋敷長達250公尺的街道，被稱為石火矢町故里村，是岡山縣政府特別指定極具代表性的故里村，巷弄兩旁盡是白壁的長屋門或倉庫，由此可看出過往生活的足跡。

➡️ JR備中高梁站徒步15分鐘

✉️ 舊折井家：高梁市石火矢町23-2　；　舊埴原家：高梁市石火矢町27

🕐 09:00～17:00

💲 400円

▲ 武家屋敷門外　　　　　▲ 武家屋敷門外　　　　　▲ 賴久寺庭園

📺 紺屋川筋

　　紺屋川原本是備中松山城外的疏水道，河畔美麗的櫻樹與柳樹並列，縣內最古老的教會「高梁基督教教堂」或是藩校「有終館跡」等賦予街區多元的樣貌，也因此入選「日本街道100選」。

➡️ JR備中高梁站徒步15分鐘

賴久寺庭園

　　賴久寺為足利尊氏命各諸侯所建的安國寺之一，江戶時代初期，賴久寺作為暫時的行館，庭園由小堀遠州（江戶時代初期的地域領主）一手打造。庭園是時任備中國奉行政務官小堀遠州所設定的禪院式枯山水，可看出遠州式庭園的設計初衷，也因此受到極大關注。庭園在江戶初期完成，處處可見桃山後期的特徵。借景於愛宕山，蓬萊式枯山水搭配絕妙配置的石群，以及裁剪得宜的皐月杜鵑花海，展現出絕美的景觀，此園又稱為「龜鶴庭園」，庭中散置著島嶼狀的龜鶴立石，這種採用植物來表現出山水立意的手法，正是小堀遠州的獨具匠心的傑作。信步園中，如履仙境，怡然自樂，是國家指定名勝景點。

- ➡ JR備中高梁站徒步15分鐘
- ✉ 高梁市賴久寺町18
- 🕐 09:00～17：00
- 💲 300円

商家資料館

　　這是高梁市屈指可數的富商池上家的宅邸。池上家從享保年間的小間古董店起家，後來轉做高梁川高瀨舟的船主與貨幣兌換商才慢慢累積財富。入口是古店家的建築物，供免費參觀休息。

- ✉ 高梁市本町94
- 🕐 10:00～16：00
- 💲 免費參觀

鄉土資料館

　　鄉土資料館原本是舊高梁尋常高等小學校的本館，建於明治37（1904）年，是市政府指定的重要文化財。館內利用精選的優良材質細心裝潢，營造出與明治時期一模一樣的氛圍，並展示3,000件江戶到昭和時期的生活用品，琳瑯滿目，盡數展出，回味歷史人文文化。

- ✉ 高梁市本町21
- 🕐 09:00～17：00
- 💲 300円

▲ 雪景中的吹屋街道　　　　　▲ 吹屋郵局

📷 吹屋故里村

　　吹屋自江戶時代到明治以來以礦山之町聞名。尤其是江戶末期開始，是國內唯一以銅製造酸化鐵的產地，故聞名遐邇。用紅銅色的石州瓦與紅殼色的外觀統一設計出如此宏偉壯觀的街區，是吹屋的先人們留給後世最好的文化遺產。

　　吹屋地區因為本山銅山出產大量硫化鐵礦，成功生產出紅殼的原料硫酸鐵，因此吹屋紅殼的產業發展蓬勃。以舊片山家住宅為中心發展的街區，被選定國家重要傳統的建造物群保存地區。置身於格子或牆壁全是紅殼色的古風住宅街區中，彷彿穿越時空回到過去古老的時光。

　　古鎮的吹屋故鄉村獨具特色，式樣劃一，排列有序，赤銅色的石州瓦和鐵紅色的外觀色調一致。這種房屋規畫，是江戶末期明治之初古鎮的富商們留給後世的最大文化遺產。富商一擲千金修建的豪宅在全國各地比比皆是，而古鎮吹屋的獨特之處在於，它不是追求單棟房屋的豪華，而是強調整體協調之美，在當時這種先進的理念令人驚歎。昭和49年（1974）年，吹屋被列為岡山縣的古鎮，昭和52年（1977）年，日本文化廳將其列為國家的重要傳統建築物群保存地區。

▲ 服務當地少數人家的郵局

吹屋故里村各館門票費用

鄉土館・舊片山邸	400円
鐵丹館	200円
銅山笹畝坑道	300円
廣兼邸	300円
以上四館共通券	850円

＊以上資料時有異動，以現場或官方最新公告為準。

▲ 吹屋街道　　　　　　　　　　　▲ 舊片山家住宅

吹 屋 故 里 村
鄉土館‧舊片山家住宅

　　超過200年製作販賣紅殼，吹屋最具代表性的富商。舊片山家住宅作為紅殼屋的主屋架構，旁邊與紅殼的製造場所相連，這樣特殊的「近代紅殼商家典型」受到高度評價，因此在平成18年（2006年）12月，國家將此指定為重要文化財。

吹 屋 故 里 村
吹屋銅山笹畝坑道

　　江戶時代到大正時代的重要銅山。吉岡（吹屋）銅山是大同2年（807年）被發現，古書記載並流傳它是備中的產物，而以吹屋銅山被稱呼的紀錄是從戰國時代尼子氏與毛利氏的爭奪戰以來，歷經家戶時代初期，到成羽藩支配的期間，但大部分的時間還是由天領幕府直轄地的代官支配，鑿取銅礦謀取利益。

吹 屋 故 里 村
鐵丹館

　　300年以前，因紅色染料的一種「鐵丹」而迅速發展的高粱市吹屋地區。在復原當時工廠的「鐵丹館」內，展示昔日製造工程的介紹和實際使用過的器具等，深色鐵丹紅染紅了整個空間。

❶～❹ 吹屋案內所與商店

①② 吹屋街景
③ 高梁市觀光手冊，強打吹屋紅色復古周遊大巴士
④ 吹屋小學校

❺❻ 往返吹屋巴士候車處

旅行小抄 吹屋每日定時巴士

　　屋頂、窗子和牆壁等赤銅色的街道排滿了整個吹屋故鄉村。 每年4月至6月期間週日限定，可以從JR備中高梁車站開始乘坐懷舊風的引擎蓋大巴士觀光遊玩。

　　JR備中高梁車站，出車站月台後右轉往下走（東口），即可看見備北巴士乘車站，請前往2號乘車處搭乘往吹屋的公車，車程約1小時，在終點站吹屋備北巴士總站下車（回程同樣在此等候），每天僅3個班次，需特別留意不要錯過回程車次。

✉ 高梁市成羽町吹屋838-2

💲 單程800円，於下車時投幣

ℹ️ 冬季高梁地區易有積雪，較不建議前往

巴士時刻表

JR備中高梁站→吹屋（2號乘車處）			
備中高梁站	10:50	13:50	18:00
吹屋	11:52	14:52	19:02
吹屋→JR備中高梁站			
吹屋	12:48		15:45
備中高梁站	13:50		16:47

＊以上資料時有異動，以現場或官方最新公告為準。

美作區

「美作地區」包括津山市
以及被譽為「美作三湯」的湯原溫泉、奧津溫泉、湯鄉溫泉

津山市 ｜Tsuyama

　　津山市位於岡山縣北部，大約10萬人口的都市，北面從東到西分布著中國山地，南臨吉備高原，在南北高地的圍繞下，津山盆地有著自然景觀豐盛的絕佳地理位置。津山市同時也是一座歷史悠久風情萬種的城下町，町內的象徵性地標是建於400年前的「津山城」，是日本的三大平山城（於平原中隆起的山地或丘陵上興建的城堡）之一，石牆交疊的雄偉風貌獲選為「日本百大名城」。若是來到岡山縣，可安排前往一窺津山的美麗面貌。

　　津山舊時為「美作國」領地，也是昔日連接出雲國與大和政權兩地之間的交通樞紐，17 世紀初建造津山城之後，以諸侯居住範圍為主的城下町亦繁榮起來。當時津山城費時13年建造完成，曾經是日本最出色的城堡，如今城址一帶只留下堅固的石牆，已被指定為歷史保存地區，並且整修為鶴山公園，也是西日本著名的賞櫻名所。在津山城過去不遠處，有一景觀優美以中國山地為借景的庭園「衆樂園」，保留舊時古樸模樣。走在美麗的街道，人們如今一面生活，一面守護著從前的城鎮風貌，將傳統傳承給下一代的人們的生活。

> ➡ 持「關西廣域鐵路周遊5日券」可免費無限搭乘JR津山線列車，前往津山景點遊玩，由JR岡山車站出發，前往JR津山車站約1小時

❶ ❷ 美作市街道與舊美作國紀念碑 ／ ❸ 人孔蓋

📷 JR津山車站

　　津山站於大正12年（1923年）在「作備線津山口・美作追分間」開始營運，「作備線津山口・津山・美作追分間」是鐵道省在岡山縣所鋪設的第二條鐵道，也是現在的津山線、姬新線的一部分，同一時期也設定了岡山機關庫津山分庫。到了昭和7年（1932年）因美線已全面通車；昭和11年（1936年）姬新線全面通車時，JR津山車站已經是現在的樣貌。觀光案內所裡展示著過去修復完成的舊津山扇形機關車庫。

▲ 津山車站觀光案內所提供旅遊導覽

■ 觀光案內所 ■

　　可由此取得岡山縣北部的許多觀光手冊資料，洽詢津山市的景點、住宿設施、餐飲等事宜。

▲ 津山車站觀光案內所　　　　　▲ 津山車站外觀

▲ 津山車站案內所提供計程車，導覽津山城、眾樂園方案，不需預約，2小時5,040円

知識錦囊 舊津山扇形機關車庫

　　津山市可說是鐵道迷的必遊景點，這裡保存許多與日本鐵路產業相關的資料模型。舊津山扇形機關車庫是昭和11年（1936年）建造完成的鐵筋混凝土火車車庫。由上往下望，車庫外形如同摺扇展開，故得名扇形機關車庫，是為了能夠容納更多的火車數量，17線構造的規模僅次於京都梅小路機關車庫，是日本第二大規模的火車庫。

　　過往是蒸氣火車的車庫，現在則作為保存與展示內燃機火車車廂的空間。60英尺轉車台存在的時間比扇形機關車庫還早，於昭和5年（1930年）就設置完成。機關車庫旁邊有個「懷舊鐵道展示室」，是到此一遊的必看之處。舊津山扇形機關車庫與轉車台也被指定為西日本旅客鐵道株式會社的登錄鐵道文化財。

▲ 津山城秋景

📷 津山城

1603年，受領美作一國186,500石俸祿的大名領主森忠政，希望能清楚看見吉井川與宮川匯流的交會點，因此選擇地勢偏高的鶴山作為城邦的土地，1604年，鶴山改名為「津山」，開始城邦與城下町的建設工程。建設期間經歷了江戶城或駿府城的建設，還有出戰大坂的戰爭等其他事務，耗費了13年光陰，終於在1616年完成築城的大工程。

▲ 森忠政與津山城築城

■ 津山城的城廓結構 ■

　　津山城是利用若干個能夠遠眺吉井川與宮川交會點的高山所建築而成，在山的最頂端建立本丸（核心地區），城廓的第二大與第三大規模的區域，日語稱作二之丸與三之丸，則圍繞本丸核心地區而興建。此外，山腳下配置有朝臣的官邸，以壕溝劃分城下町的邊界，將城重重包圍。邊界設有6個大門，正門是城下町中心區京町對面的京町門。於本丸與二之丸設有御殿（宅邸），分別在本丸、二之丸、三之丸建有31、12、17棟建築物，還分別設有15、7、11個大門，古蹟建物的密集度之高，可想見它的壯觀。

■ 津山城的城主 ■

　　森家由第一代的忠政到第四代持續保有所有權，但第四代藩主的長成後繼無人，1697年領地遭沒收，隔年，松平宣富接收美作10萬石的領地，成為新一代津山城城主。此後，津山城歸松平家所管，一直到第九代結束，迎接明治維新的到來為止。

📷 津山城鶴山公園

　　隨著江戶時代的結束，津山城的功能性也跟著走入歷史。1874～1875年間，政府著手進行破壞工程，除了保留石壁的部分，其他一概摧毀。在此之後，津山城古蹟變成縣有地，1899年政府以「將津山町（以前的津山市）改建為公園」為條件，將津山町轉賣給民間機構，於隔年開始進行城跡公園化的作業，一路走來仰賴福井純一町議員（之後的津山市議會議長）以及其他人員的大力協助，1928年可看到古城周圍櫻花盛開的優美景象，一直維持到現在。

➡️ JR津山車站步行約20分鐘，或搭乘計程車約5分鐘

✉️ 岡山縣津山市山下135

🕐 08:40～19:00（4～9月）/08:40～17:00（10～3月）/ 櫻花祭期間：07：30～22：00

🈺 12/29~12/31

💲 成人300円、兒童免費

旅行小抄 鶴山公園賞櫻趣

　　西日本屈指可數的櫻花名勝地，並被選為「日本櫻花名勝百選」之一。每年4月隨著櫻花盛開季節，約1,000棵的櫻花樹滿開之時，好似把津山城的石牆包圍在其中般，這時津山城亦會舉辦「津山櫻花祭」，特別是夜間點燈後的樣子也非常美不勝收，夢幻無比。

　　通往山頂的散步道上覆蓋著紅白色的梅花，可以欣賞到好似花之隧道般的夢幻景色。

知識錦囊 津山城備中櫓（土壘）

　　有關備中櫓，在「森家先代實錄」附圖「作州津山城本丸之圖」裡紀載著，「名為上之櫓或備中櫓，可從城下往上一窺其樣」，故在本丸向南延伸的石壁上蓋了櫓，可一覽城下所有美景，是僅次於天守，極具象徵性意義的建築。此外，備中櫓內部構造也相當獨特，我們可以推斷備中櫓是專屬藩主或是其家族的特定空間，其他閒雜人等禁止進入。

　　一般的櫓並不會進行鑲嵌作業，但備中櫓的地面鋪滿榻榻米(甚至是坐墊)，上面也有天花板，形成一個完整構造。內部設有「御座之間」(撲滿榻榻米，在韓國家屋常有的專給主人使用的房間)、「御茶席」(用茶道款待客人的房間)、「御上段」(領主與朝臣會面之房間)等等在日本全國幾乎找不到類似的房間配置，是非常特別的空間設計。

　　由於這景觀的象徵性極高，希望透過修復內部與附近御殿建築的備中櫓，能讓大家體會建城當時的津山城建築最原始的模樣。因此，在1604年森忠政動工築城之後的400周年，也就是2004年，開始進行備中櫓復原整頓的工程。

📷 眾樂園

　　眾樂園借景於中國山地，搭配南北長池中4個島嶼的景觀，形成近代池泉迴遊式的大型知名庭園，比起同樣式的後樂園歷史更悠久，是國家指定的名勝景點。

　　明曆3年（1657年），津山藩第二代藩主森長繼公從京都招攬庭師（專門設計庭園的專家），仿照仙洞御所而打造。不論是水面映照的島嶼倒影、隨著四季更迭的大自然景象，都能真切感受到經過京都洗練過的雅致，尤其冬天那如同銀白色絲綢覆蓋的雪景更是絕美，許多遊客專挑冬季前來一睹風采。

「絲櫻 水にも地にも 枝を垂れ」
（絲櫻垂枝櫻不論水中或地上皆低垂枝木）

　　這是山口誓子在昭和54年（1979年）春天，在眾樂園所吟詠的俳句。選擇在津山出身的俳人西東三鬼的花冷句碑建立之際走訪津山的誓子，緩緩步行於這庭園的同時，也會想起許多深刻的感動吧！這個俳句的石碑就在眾樂園的北端。

➡ JR津山車站搭乘計程車15分鐘
　　由津山城搭乘計程車約5分鐘

✉ 岡山縣津山市北628

🕐 07:00～20:00
　　（11月～3月開放至17:00）

💲 免費參觀

❶～❹ 眾樂園四季景致

美作市 | Mimasaka

　　舊時的美作國區域如今稱為美作地區，是岡山縣的溫泉勝地，湯鄉溫泉、奧津溫泉以及湯原溫泉併稱「美作三湯」，擁有千年以上歷史的古老溫泉，自古以來以溫泉療養所而繁榮，其美膚功效深受女性喜愛。在充滿了原始自然風光中泡著溫泉，絕對是放鬆身心的上佳之選。

📷 湯鄉溫泉

　　以外國觀光客而言，前往湯鄉溫泉的交通較為便利，溫泉飯店有提供免費接駁車來回接送往返JR岡山車站。以別名「白鷺之泉」而著名的湯鄉溫泉，是一處具有1,200年歷史的溫泉療養勝地，據說1,200年前，高僧圓仁法師由一隻受傷的白鷺引路，最早發現了溫泉，針對消化不良、風濕病、婦科疾病與皮膚病等特別有療效，是一個深受岡山縣居民歡迎和喜愛的溫泉療養地。

　　溫泉街上有大大小小合計數十間的住宿設施，能夠輕鬆享受泡湯和免費的足浴。

❶❷ 湯鄉溫泉觀光案內所與入口招牌

　　線上預定飯店之後，至少出發前一日以電話或E-mail向溫泉飯店預約接駁車。每日下午2點飯店接駁車會在JR岡山車站西口等候（巴士綜合招待所前），司機會確認名單，至溫泉區後先停靠湯鄉鷺溫泉館，接著開往虞美人Poppy Springs，隔天早上11點回程開往JR岡山車站。

✉ 岡山縣美作市湯鄉323-2
http 湯鄉溫泉協會：spa-yunogo.or.jp
　　湯鄉溫泉館：www.yunogo.co.jp
　　虞美人Poppy Springs：www.poppy.co.jp

📷 湯鄉鷺溫泉館

　　傳統日式風格的溫泉飯店，除了足湯，湯鄉溫泉擁有以岩石堆砌的露天溫泉，充滿藝術感；重隱私的室內泡湯、岩盤溫泉以及噴氣式按摩等多種泡湯設備齊全充實，溫泉有幫助傷痛復原的效果，作為「治療溫泉」而倍受喜愛，住宿一晚提供晚餐與早餐，泡完溫泉接著品嘗豐盛懷時料理，是最奢侈的享受啊！

📷 虞美人（ポピースプリングスリゾート＆スパ）

　　是湯鄉鷺溫泉館的姊妹館，是一西洋風格的皇宮建築物，以解除疲勞和健身為主的休閒旅遊飯店，提供溫泉療養、芳香療養以及清淡的野菜養身料理。住宿一晚同樣提供晚餐與早餐，不過在這裡提供的是西式餐點，溫泉和美味的料理提供旅客有一個能恢復疲勞又輕鬆的旅遊。兩間溫泉飯店各有特色，可依個人喜好選擇入住。

❶～❻ 虞美人溫泉館內部設施與

火車模型博物館

昭和館

旅行小抄

湯鄉溫泉區延伸景點

展覽復古玩具的火車模型博物館與懷舊玩具博物館

- ✉ 岡山縣美作市湯鄉312
- 🕐 09:30～17：00
- 💲 成人300円、兒童150円

昭和館

展出超過2,000件昭和時期的玩具漫畫。

- ✉ 岡山縣美作市湯鄉557-1
- 🕐 09:30～18：00
- 💲 成人300円、兒童150円

音樂盒博物館

展覽音樂盒的世界，木質手工製作的音樂盒，店裡如同音樂盒音樂會。

- ✉ 岡山縣美作市湯鄉319-2
- 🕐 09:30～17：00
- 💲 成人700円、兒童300円

山陰地區

鳥取縣

徜徉於日本海和雄偉群山圍繞的氛圍
欣賞四季風景
品嘗應時佳肴味覺饗宴

　　山陰是指位於西日本中國地區北方，面臨日本海，山陰意謂山之北方，以中國地區最高峰「大山」為山南山北之分界，地理範圍主要包含鳥取縣、島根縣和山口縣北部地區。本書著重此區主要城市的介紹分享，也就是鳥取縣的鳥取市、米子市以及小鎮倉吉市，另外還有島根縣的松江市、出雲市與小鎮安來市，松江市同時也是島根縣縣廳所在地，山陰地區唯一人口超過20萬的城市。

旅行小抄　心得分享與提醒

1. 筆者曾經嘗試過岡山山陰瘋狂快閃省錢玩法，住宿岡山，連續4日搭最早一班備伯線特急列車至山陰，傍晚回到岡山，如此可將鐵路周遊卷價值效益發揮到極限，不過考驗體力，請量力而為。山陰地區溫泉眾多，亦可選擇住宿當地飯店。

2. 山陰地區地廣景點範圍廣闊、列車班次不密集，景點的銜接必須事先規畫取捨，不宜貪心安排太多景點，同時需估算停留時間，注意回程車班時間，以免錯過班次而延遲當天既定行程。

3. 可先利用「山陰＆岡山地區鐵路周遊4日券」遊覽基本景點，作為下次遊歷山陰的基礎，這張票價約莫台幣1,300元，卻可無限制搭乘往山陰地區的特急列車，實在是相當划算，又可享受沿途大自然的山林饗宴。

🌐 鳥取觀光網頁：www.traveljapan.com.tw/?p=73
　　鳥取市觀光協會：www.torican.jp/
　　島根旅遊網頁：www.kankou-shimane.com/tw/index.html

■ 山陰 & 岡山地區鐵路周遊4日券 ■
(San'in & Okayama Area Pass)

在有效區域內（見下圖）無限次數乘車，連續使用4天計算。
購買資格：具有符合「短期居留」之居留資格的外國旅客。

可搭乘列車如下

1. 特急列車：「Yakumo、Super Hakuto（包含上郡⇔智頭之智頭急行線）」的普通車自由席。
2. JR西日本在來線的快車（快速）和當地列車（普通列車），不可搭乘山陽新幹線(新大阪⇔博多)、臥舖列車亦不適用

購買方式

1. 日本當地購買：進入日本後，於JR車站的綠色視窗現場購買，票價較為昂貴，且每人僅限購買一次。
2. 事先至JR西日本網站預約：列印預約成功時收到的「預約申請完成」證明，網路受理預約時間自預計開始使用日之27天前起至2天前為止。
3. 事先於日本授權的臺灣旅行社購買：旅行社會寄發Exchange Order，收到時請詳細檢查兌換券上的英文姓名是否正確，請攜帶此兌換券至日本。此種方式的好處是不受僅能購買一次的限制，若停留期較長，可事先購買所需份數，從開始使用日期一個月前即可購買。

| MAP | 山陰 & 岡山地區鐵路周遊券適用範圍 |

領取地點

1. 日本當地購買：
- 購買時出示護照與填寫申請表，以現金或信用卡付款購買。
- 可至新大阪、大阪、關西機場、岡山、境港、米子、鳥取、松江JR車站綠色窗口購買。

2. 網路預約者：
- 出示預訂完成通知證明或預訂編號，出示護照並填寫申請表，以現金或信用卡付款。
- 僅可至關西機場、岡山、境港、米子、松江JR車站綠色窗口兌換。

3. 臺灣旅行社事先購買者：
- 出示兌換券與護照，填寫申請表，換取關西廣域鐵路周遊券。
- 可至新大阪、大阪、關西機場、岡山、境港、米子、鳥取、松江JR車站之綠色窗口兌換。

票價

	日本當地購買	台灣事先購買或預定
成人	5,000円	4,500円
小孩	2,500円	2,250円
※成人最多可免費攜帶幼兒2人(1~5歲)一起使用。		

＊以上資料時有異動，以現場或官方最新公告為準。

■■ 主要特級列車路線 ■■■

JR岡山車站→JR鳥取車站		
車種	特急智頭急行線スーパーいなば(SUPER INABA)	
乘車地點	JR岡山車站3號月台搭乘	
車廂	僅可搭乘自由席車廂	
車次節錄	岡山	鳥取
特急スーパーいなば1號	06:47	08:38
特急スーパーいなば3號	09:14	11:04
特急スーパーいなば5號	11:05	12:53
特急スーパーいなば7號	13:43	15:33
所需時間：1小時50分鐘		

＊以上資料時有異動，以現場或官方最新公告為準。

JR岡山車站→JR米子車站、JR松江車站以及JR出雲市車站					
車種	伯備線特急出雲號やくも(Yakumo)				
乘車地點	JR岡山車站2號月台搭乘				
車廂	僅可搭乘自由席車廂				
車次節錄	岡山	米子	安來	松江	出雲
特急スーパーいなば1號	07:05	09:17	09:24	09:42	10:10
特急スーパーいなば3號	08:04	10:16	10:23	10:40	11:04
特急スーパーいなば5號	09:04	11:18	11:25	11:41	12:09
特急スーパーいなば7號	10:04	12:19	12:26	12:42	13:07
特急スーパーいなば9號	11:04	13:18	13:25	13:40	14:08
前往境港市	由JR米子車站搭乘獨立支線「境線」前往JR境港車站				

＊以上資料時有異動，以現場或官方最新公告為準。

■ 山陰地區快閃行程安排參考 ■

Day1：（JR岡山車站）→JR鳥取車站→JR倉吉車站→JR由良車站
景點：白兔神社→鳥取砂丘→浦富海岸→鳥取市區古蹟→白壁土藏群
　　　→青山剛昌柯南故事館

Day2：（JR岡山車站）→JR安來車站→足立美術館→JR米子車站→JR境港車站
景點：足立美術館→境港市妖怪街道→水木茂紀念館

Day3：（JR岡山車站）→JR松江車站
景點：松江古城天守閣→堀川遊覽船→塩見繩手→武家屋敷→城山稻荷神社
　　　→由志園

Day4：（JR岡山車站）→JR出雲市車站
景點：出雲大社→日御碕神社→日御碕燈塔

|MAP| 岡山—山陰交通圖 |

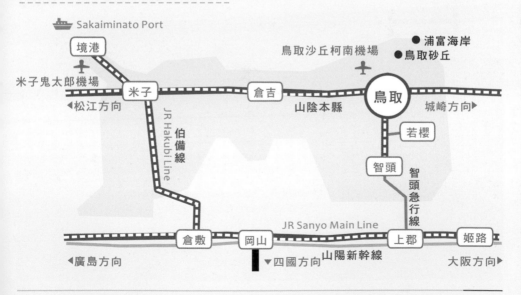

鳥取市 | Tottori

　　鳥取縣人口約60萬，位於日本中國地區的東北部，夾在兵庫縣以及島根縣之間，地理區域呈現東西略為細長的平原地形，北面緊鄰日本海，南方則是中國地區群山綿延的地形，氣候溫暖，四季鮮明，豐富自然景觀，冬季雖有降雪，但夏季較少受到颱風等自然災害影響，鳥取市、倉吉市以及米子市是較發達的城市。

JR鳥取車站 ▲

　　鳥取市位在鳥取縣東部人口約20萬，為主要縣廳所在地，江戶時代曾是山陰地區首屈一指的城市。特別是鳥取城遺址仍然刻畫著戰國時期，此地瀰漫硝煙的戰場痕跡，現已改建為久松公園。緊鄰城址的歷史古蹟仁風閣也是順遊的好選擇，雙層的洋房建築相當別緻。若是想體驗溫泉，由「JR鳥取車站」往街區步行10分鐘左右，即會看見各式溫泉澡堂、旅館，也是不錯的安排。距離市區稍遠的旅遊景點首推由白砂覆蓋的鳥取砂丘與浦富海岸，是非常著名的大自然藝術，悠久歲月造就天然奇觀。

➡ 持「山陰＆岡山地區鐵路周遊4日券」搭乘「JR特急智頭急行線」列車，前往鳥取市遊玩

❶～❹JR鳥取車站內外環境

█ 鳥取市內觀光交通配套措施 █

■ 外國人專用觀光計程車 ■

　　這是鳥取市政府為了提振觀光，解決外國遊客二次交通問題所給予的優惠方案，以價格、服務和時間成本來說非常超值划算，讓外國旅客輕鬆前往鳥取砂丘、白兔神社等較為偏遠的景點，可以說完全是比鳥取市內麒麟獅子循環巴士以及100円Kururi巴士更為便利的交通工具，半天遊歷重要景點綽綽有餘。

　　旅客只要至JR鳥取車站國際觀光客服務中心，說明欲參加計程車方案，導覽人員會請旅客填寫一張申請表，確定所選取的路線之後，司機就會來帶領乘客了，原則上一次以一個路線為主，不過筆者經驗，若是較遠的行程結束後尚未達3小時的規定時間，可商求司機繞到其他市區景點，前提是司機同意，不可強人所難，畢竟這已是非常超值的旅遊方案了。司機隨車導覽、拍照，若是會日文更可跟司機暢所欲言，簡直媲美私人導遊行程。

▲ 觀光案內所

▲ 當地受歡迎的結緣菓子

▲ 觀光計程車贈送之紀念品，結緣筷

觀光計程車行程路線表

路線：◆外國人有門票優惠★司機會代為領取紀念品	
行程一	神話故鄉白兔神社、★白兔海岸遊客休息站、鳥取沙丘
行程二	◆浦富海岸、★沙之美術館、鳥取沙丘
行程三	鳥取沙丘、★沙之美術館、◆仁風閣、鳥取城遺跡
行程四	★家鄉物產店、賀露螃蟹館、◆玄忠寺
行程五	雨瀑布、豆腐料理、◆因幡萬葉歷史館

＊以上資料時有異動，以現場或官方最新公告為準。

➡ 從JR鳥取車站國際觀光客服務中心搭車(JR鳥取車站北口往右走，即有明顯標誌)

🕐 全年08:30～17:30(12/31、1/1停駛)，隨時可出發

💲 每人1,000円，每台車至多4人，最長可遊覽3小時，超時需支付追加的計程車費用

❗ 1.應對語言：中、日、英、韓
　2.司機會發給乘客一人一張優惠卡，在主要景點出示此卡可享有門票優惠或紀念贈送

❶～❹ 白兔神社

📷 白兔神社

　　白兔神社作為日本愛情故事象徵地，是神話「因幡白兔」的舞台地點，於2010年被定為「戀人的聖地」。神社供奉主神是月老白兔神，曾經撮合大國主命與美人八上姬牽線結緣，而以結緣靈驗而聞名，在日本古事記中有明確的由來記載。此外，沿著神社內道路前進，有一白兔遵照大國主神之名清洗身體的「御身洗池」，神話相傳白兔用來清洗並治癒傷口，被深信是對皮膚病和燒傷等有療效的神社，「御身洗池」因一年四季都保持著相同水位，又被稱為「不增不滅池」。

　　白兔神社對面美麗的白兔海岸，白色沙濱呈現弓字型，也是適合殺底片的海岸。

❺～❼ 鳥取名產甜點 / ❽ ❾ 白兔海岸 / ❿ 白兔神社御守

166

📷 砂之美術館

　　位於鳥取砂丘的砂之美術館是世界唯一使用「沙」作為雕刻素材的室內美術館，同時也是日本唯一展出沙雕的露天博物館，於2006年開幕，每年依據主題，從世界各國召集沙雕專家，展現沙雕作品，展覽期間為4月到隔年1月。大自然多年淬練創造砂丘的美麗，形成了美術館，希望在這裡創造出前所未有的人造美景，讓造訪此地的人不虛此行。博物館執行長Chaen Katsuhiko，以沙雕專家兼策劃製作人活躍於國內外，並被選為「受世界尊敬的日本人100選」。

　　沙子隨時間變化有容易崩解的限制，「無常」的特性呈現沙雕美麗且深具魅力的無可取代性。從館內眺望鳥取砂丘，日落後的夜景照明，可感受與白天截然不同的氛圍樂趣。

✉ 鳥取縣鳥取市福部町湯山2083-17

🕘 09:00～18：00

💲 600円

🌐 www.sand-museum.jp

▼ 精心雕刻的沙像

📷 鳥取砂丘

　　鳥取市最具特色與不可錯過的景點莫過於鳥取砂丘，南北橫跨有2.4公里，東西長約16公里，為日本規模最大的海岸砂丘，是受到日本海風吹襲而飄落到千代川的泥砂，歷經萬年以上而堆積起來的大山火山灰，保留遠古時代日本群島與亞洲大陸相連時的自然軌跡，也是日本唯一最大規模的砂丘。由日本海海風與砂丘共同雕琢，令人歎為觀止的風紋圖案，壯麗又變化無常的廣闊景觀，可以欣賞一望無邊的大海，漫步砂丘上感受它的魅力。

　　這裡亦提供乘坐駱駝或馬車遊覽方式，砂丘對面的「鳥取砂丘會館」亦提供拖鞋、長靴的租借。

　　風光明媚的浦富海岸，觀賞日本海壯闊的海蝕地形，山陰海岸地質公園可說是多樣地形和地質的博物館，若時間許可，可沿著海岸線步行，感受海風多樣化的面貌景觀，是令人非常讚歎之景。

📷 青山剛昌故鄉館

　　鳥取縣亦有漫畫王國之稱，知名漫畫家水木茂與青山剛昌皆出身於鳥取縣，吸引各地漫畫迷前來朝聖。位在鳥取縣北榮町，名偵探柯南作者青山剛昌故鄉，館內展覽年輕時代的作品以及柯南的道具，例如蝴蝶結變聲器，體驗作者創作的樂趣，館內分7個不同主題的展區，柯南街道：與各種主角相會。

✉️ 鳥取縣鳥取市福部町湯山2164-661

➡️ 持「山陰＆岡山地區鐵路周遊4日券」搭乘JR山陰本線普通列車（米子行）、特急列車（倉吉行或益田行），前往JR由良站遊玩，車程約1小時10分鐘

🕐 09:30～17:30（4～10月）/09:30～17:00（11～3月）

💲 700円

📷 久松公園

　　以豐臣秀吉兵糧攻勢聞名的鳥取城是國家指定歷史遺跡，目前山頂僅遺留天守閣，山腳處殘留由慶年年間至明治時代所建造的二之丸城郭遺跡等，周邊修建了久松公園，成爲市民的休閒場所。還有仁風閣和縣立博物館，濃厚歷史令人印象深刻。

✉ 鳥取縣鳥取市東町2-124

📷 仁風閣

　　國家指定的重要文化遺產。明治40年作爲舊藩主池田家的別宅建造，是一棟法國文藝復興樣式的白色西洋館。當時的皇太子殿下（後來的大正天皇）作爲宿舍而使用過。

✉ 鳥取縣鳥取市東町2-121
➡ 100円Kururi巴士於「仁風閣縣立博物館前」下車
🕘 09:00～17:00
休 每週一
$ 150円

📷 鳥取縣立博物館

展示有關鳥取縣的資料。

✉ 鳥取縣鳥取市東町2-124
🕘 09:00～17:00
休 每週一
$ 180円

知識錦囊 20世紀梨

　　鳥取縣有名的20世紀梨有百年栽培歷史，表皮呈現透明般的淡黃綠色，入口即化，口感清爽。

倉吉市 | Kurayoshi

　　倉吉市位處鳥取縣中間地帶，作為觀光城市聽起來雖然陌生，然其是一座歷史悠久的古老城下町，曾經繁榮興旺，如今成為飄盪懷舊氣息的小鎮老街。

　　最具特色的白壁土藏群赤瓦的獨特景觀，歷經歷史的洗刷，成為藝術名勝，極具特色的歷史古蹟街道。尋訪倉吉老城，感受彷彿超越時空的寧靜古街，充滿純樸人情溫度，令人追憶的古代風情。

> ➡ 持「山陰＆岡山地區鐵路周遊4日券」搭乘JR特急列車Super Oki號或Super Hakuto號，前往JR倉吉站遊玩，JR鳥取站到JR倉吉站約30分鐘

JR倉吉車站觀光案內所

> ➡ 出車站後向左轉，位於車站1樓

🖥 打吹山

　　位於白壁土藏群正對面的「打吹山」是倉吉的重要象徵之一。流傳天女傳說，因天女的子女們在山頂打鼓吹笛緬懷母親而有打吹山之名；在室町時代，山名氏作建立打吹城，作為統治伯耆國的守衛所。後來，為了紀念1904年，大正天皇巡視山陰，而整建「打吹公園」，包括倉吉博物館、倉吉歷史民俗資料館，也是山陰地區最美的賞櫻名勝，亦被選為日本「櫻花名勝地百選」，加上整座山多達200種樹木，大片的自然森林，更被選為「森林浴之森百選」、「日本城市公園百選」。

> ✉ 鳥取縣倉吉市上井町195

📷 白壁土藏群

　　沿著玉川排列的白壁土藏群是日本傳統建築物保存地區，這裡保留很多江戶與明治時期建造的大片白壁土藏倉庫建築，漫步在跨越玉川的石橋和紅瓦白牆的街道，仍能感受倉吉昔日歷史氣息，當時商家的繁榮面貌若隱若現，飄散古老風情的白壁土藏群，亦是濃厚人情之街，讓人感到時間在緩慢地流逝。

➡ 「二次交通」配套措施：巴士乘車處位於JR倉吉站觀光案內所前方，上車請記得抽取「整理券」

JR倉吉車站→白壁土藏群・赤瓦

路線	公園廣場線	市內路線
乘車處	JR倉吉車站巴士總站2號乘車站	JR倉吉車站巴士總站2號乘車站
目的地	西倉吉、大河原	西倉吉、關金、廣瀨、大宮
下車站名	「白壁土藏群前」	「赤瓦・白壁土藏」
行車時間	約18分鐘	約15分鐘
車資	250円	220円

| MAP | 白壁土藏群巴士位置圖 |

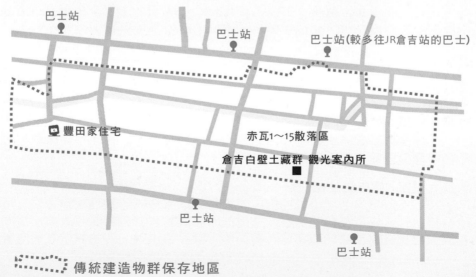

巴士站

巴士站

巴士站(較多往JR倉吉站的巴士)

📷 豐田家住宅

赤瓦1～15散落區

倉吉白壁土藏群 觀光案內所

巴士站

巴士站

傳統建造物群保存地區

白 壁 土 藏 群
📷 豐田家住宅

建於1900年，主房為人字屋頂形式，與屋脊成垂直方向入口的2層木造建築，維持倉吉傳統的建築風格，展現日本古早建築風格的深厚造詣。

白 壁 土 藏 群
📷 赤瓦

這裡有數十間不同特色的赤瓦商店，販售各種地方特產與精緻禮品。

赤瓦一號館

大正時代的醬油釀造倉庫，出售倉吉以及周圍地區的特產品，走入其中可以發現由天井梁和短柱建成的特殊格子狀構造。

赤瓦二號館　Hakota木偶工房

這裡是展示倉吉傳統手工鄉土玩具Hakota人偶的工房，象徵父母祈願孩子消災解惡的護身符，而現在作為土產紀念品也很受歡迎。

赤瓦三號館　中野竹藝商店

一樓主要販售當地民間藝術創作家的竹製工藝品，無論是傳統風情，抑或具現代感的時髦作品風格，為數不少的作品在這裡皆可找到。

赤瓦五號館　久樂

二樓是以石具研磨咖啡豆出名的「石磨咖啡館」，作為中途休息站，喝杯咖啡靜靜感受白壁土藏區的特別氛圍。

赤瓦六號館　桑田醬油釀造廠

1877年創業的老舖子醬油店，陳列創業以來傳統的醬油製作方法，房屋建築特意打造成京都町屋風格，寬敞的門面訴說著昔日的興旺景象。這間精心釀造充滿醬油香味的商家還有獨創的「醬油霜淇淋」，挑戰遊客的味蕾。

赤瓦八號館　倉吉鄉土特產品商店

一樓「寅藏」是販售土產和工藝品的點心館,有當地名產糕點和禮品,二樓「打吹庵」可品嘗當地食材擀製的蕎麥麵。

赤瓦十號館　倉吉白壁土藏群、赤瓦觀光服務站

此館倉吉白壁土藏群為觀光案內所,提供觀光指南諮詢以及交通建議,開放時間為08:30～17:00。

赤瓦十一號館　陶藝館

由舊空房改建,觀光旅客可以體驗製作「打吹陶器」。

赤瓦十二號館　久和

同樣是販售此地區特色風味的食品、手工製作的工藝藝術品。

赤瓦十三號館　白壁俱樂部

使用當地食材的西餐館,重新活用建於1908年的舊國立第3銀行倉吉支店的建築物,可在店內享用美味佳肴、聆聽本地音樂家的演奏以及觀賞本地創作家的作品。

赤瓦十五號館　赤瓦餐廳佐佐木

歷史悠久的百年古代民宅,供應以日本海新鮮魚類為材料的日式料理。

1～**10** 白壁土藏群裡的赤瓦展覽館

境港市 | Sakaiminato

　　境港市位於鳥取縣的西邊，是個人口只有36,000人的小城，漁業為該地的基礎產業，被國家指定為特定第三種漁港，1992年～1996年這5年間的漁獲量為日本第一，而現在黑鮪魚與螃蟹的捕獲量依舊維持全國第一的紀錄。近年來國內外的客輪也多在境港停泊，來自海外的觀光客數增加不少，境港也被選定為國外航線在日本海域的據點港口。

　　另外，從JR境港站往東走約800公尺就能到達非常有名的水木茂大道，大道上佇立著153隻妖怪銅像，熱烈歡迎前來參觀的遊客。河童之泉、巨大妖怪壁畫、水木茂紀念館等，總之這條路上的妖怪應有盡有，可說是日本中國地區少數知名的觀光景點。

▲ 境港市觀光手冊

　　連結境港與米子的JR境線有6種鬼太郎彩繪列車行駛（鬼太郎列車、老鼠男人列車、貓女兒列車、眼球父親列車等），不只是車外就連車內也有許多鬼太郎的蹤跡，而且全線16個車站皆以不同妖怪的稱號取名，鼠男站(米子站)與鬼太郎站(境港站)的站內也設有妖怪銅像或相關擺飾，是進入水木茂大道的兩大門。

▲ 鬼太郎列車

▲ 往扳境港乘車月台

▲ 列車內部鬼太郎裝飾

持「山陰＆岡山地區鐵路周遊4日券」，由JR米子車站0號月台搭乘獨立支線
「境線」前往JR境港車站遊玩

境港綜合觀光指南：www.sakaiminato.net

境港時刻表(平日用)				境港時刻表(假日用)			
境港方向		米子方向		境港方向		米子方向	
米子發	境港停	境港發	米子停	米子發	境港停	境港發	米子停
08:41	09:24	11:31	12:15	09:35	10:18	12:24	13:06
09:44	10:25	12:28	13:10	10:35	11:18	13:22	14:07
10:37	11:23	13:34	14:19	11:30	12:16	14:22	15:07
11:36	12:20	14:16	15:09	12:29	13:14	15:22	16:03
12:32	13:18	15:19	16:03	13:31	14:14	16:20	17:04
13:18	14:03	15:54	16:45	14:31	15:14	17:21	18:07
14:27	15:10	16:43	17:32	15:26	16:12	18:22	19:07
14:55	15:45	17:33	18:19	\	\	\	\
15:27	16:24	18:18	19:07	\	\	\	\
16:29	17:13	17:05	19:52	\	\	\	\

＊以上資料時有異動，以現場或官方最新公告為準。

💻 水木茂紀念館

　　水木茂紀念館自平成15年（2003年）開館以來，初次進行大規模翻修，直到2012年3月8日再度開幕，以新面貌歡迎大家光臨。館內主要是境港市出身的漫畫家——水木茂大師獨創且具多樣性的作品，還有他對妖怪世界特殊的哲學思想，以及其精神的展覽及影片介紹。另外，潛伏著各種妖怪的日本家屋立體模型、或是鮮為人知的水木家日常生活場景等，透過展示一一重現，也加入許多音效，使其更加生動有趣。館內附有5國語言（日語、英語、韓語、中文、俄語）導覽服務，藉此提供民眾更詳盡的展示內容。

　　沿著站前路直走，令人懷念的妖怪們就會一一出現。在水木茂大師的漫畫代表作「鬼太郎」中登場的鬼太郎、鼠男、眼球老爹等可愛妖怪的銅像，就在水木茂大道上等待大家的到來。全長約800公尺，有很多妖怪銅像，也有無數的妖怪人群。

水木茂大道曾得到過以下認證：
・1997年7月10日，建設大臣頒發「手作鄉土賞」認定狀。
・2004年12月17日，日本健走協會選定為「最想步行的優美日本街道500選」。

✉ 鳥取縣境港市本町5番地

🕐 09:30～17:00

休 全年無休

$ 700円

http mizuki.sakaiminato.net

旅行小抄

妖怪郵戳接力

　　水木茂大道沿路可收集37個妖怪郵戳！
　　集滿37個郵戳到達目的地，也就是境港市觀光案內所，就能領取「完走證」當禮物！而且，如果是領取完走證的第1,000人或第10,000分別有非常精美、豪華的禮品。此外，持有5張或10張完走證的民眾也有神祕驚喜喔！（團體一次集到5張或10張則不在此規定）集到20～36個郵戳的人可獲得最新版的棉布貼紙。

---

❶～⓯ 水木茂紀念館，還有水木茂大道上的各式商店

13　14　15

島根縣

結緣之旅

島根縣的神社以「結緣」名聞遐邇
各間神社有其特別設計的結緣御守

島根縣景點門票

景點	原價	外國人優惠50%(需出示護照)
足立美術館	2,200円	1,100円
松江城	550円	280円
堀川遊覽船	1,200円	800円
小泉八雲紀念館	300円	150円
武家屋敷	300円	150円
由志園	600円	300円
島根縣立古代出雲歷史博物館	600円	300円

＊以上資料時有異動，以現場或官方最新公告為準。

安來市 | Yasugi

　　位於島根縣東端的安來市，右邊是JR米子站，左邊是JR松江站。因獨具特色滑稽的「泥鰍」舞蹈的安來節民謠，因生動逗趣而聞名全國，車站商店販賣安來市獨有的特產品。車站的觀光諮詢處放有外文版指南手冊，前往「足立美術館」在此乘坐免費接駁車大約需要20分鐘。

足立美術館

　　足立美術館由當地企業家足立全康於1970年所創立，該美術館因擁有精心管理修繕的寬廣日式庭園和近代日本珍藏畫品而聞名國內外，自開館以來吸引各地遊客慕名而來，在占地五萬坪的庭園中欲展現個人風格獨創性，同時傳達對生命態度的思想意念，以歡迎之庭、枯山水庭、白砂青松庭為主要庭園創作，遊客漫步於此，雅致風景映入眼簾，不管何時前來都能體驗大自然四季的千變萬化；欣賞完日本一級棒的庭園造景，轉入館內欣賞收藏約1,500件的日本畫，以橫山大觀為代表，其山水畫奠定了日本近代畫壇的基礎。一張門票享受兩種景致，超級值回票價。

　　自2003年起，已經連續12年被美國的《日本庭園雜誌》評選為日本第一的庭園，行萬里路至此充實心靈，來到名園名畫的世界暫且拋下俗世塵囂，靜靜享受日本第一名園與珍貴畫作所演奏的和諧浪漫氣氛。

▲ 足立美術館正門

▲ 美術館販售精美禮品

　　足立美術館庭園融合大自然的美，園中立石代表山峰，想像潺潺細水順流而出，終將匯聚成大河的情景，就是一幅雄偉山水的意境。

　　足立美術館主張「庭園本身就是一幅畫」，窗戶是天然的畫框，因此圍繞庭園處，幾步內隨處可見「動畫掛軸」或是「動畫畫框」的設計，強調「一步一景」、「一窗一景」，每個人透過不同角度的窗框凝視庭園自然山水，譜出屬於自己獨一無二的絕妙畫作，不同高低的樹木搭配造型獨特的石頭，修剪的曲線優美的偌大草坪，惟妙惟肖充滿美感震撼，是足立美術館最引人入勝之處。

　　白砂青松庭以橫山大觀畫作「白沙青松」為依據所設計的形象庭園，呈現出白砂的纖細純白與松樹的綠意，看似強烈對比實則互相調和。

▲ 足立美術館「一窗一景」

▲ 記得先拿取接駁車號碼牌呦

- ➡ JR安來站、JR米子站、米子機場、玉造溫泉、皆生溫泉有免費的接送巴士運行
- ✉ 島根縣安來市古川町320
- 🕐 09:00～17:30（4月～9月）/09:00～17:00（10月～3月）
- 💲 外國人門票可享半價優惠1,100円
- http www.adachi-museum.or.jp
- ℹ 回程欲前往JR安來站以及JR米子站的旅客，購買門票後請記得在櫃臺旁邊抽取搭乘免費接駁車順序卷，司機會以此卷做為上車依據，避免超過人數而延遲前往車站

❶～❺足立美術館白砂松樹庭園造景

足立美術館接駁車時刻表

去程			回程		
米子車站	JR安來車站	足立美術館	足立美術館	JR安來車站	米子車站
＼	09:05	09:25	09:30	09:50	＼
＼	10:00	10:20	10:30	10:50	＼
＼	11:08	11:28	11:20	直行	11:50
12:25	11:58	12:18	11:25	11:45	＼
＼	12:42	13:02	12:20	直行	12:50
13:15	13:00	13:20	12:20	12:40	＼
＼	13:32	13:52	13:20	13:40	＼
＼	14:00	14:20	14:00	14:20	＼
＼	14:35	14:55	14:45	15:05	＼
＼	15:10	15:30	15:50	16:10	＼
＼	16:15	16:35	16:49	17:09	＼

＊以上資料時有異動，以現場或官方最新公告為準。

❶～❹JR安來車站，以及足立美術館接駁車

松江市 | Matsue

　　松江市位於島根縣東部，被宍道湖、島根半島環繞的松江平原上。現在的松江處在日本古代出雲國範圍，1611年出雲國藩主堀尾吉晴，先是建立了松江城，接著削平高山挖掘護城河，修築與護城河平行的道路，建造武官宅邸，陸續以松江城為中心擴建城下町，勾勒了最初松江市區的樣貌。舊時建造松江城時，由於軍事需挖掘許多水路，現今大橋川貫穿市中心，因為眾多人工水渠穿梭城市而有「水城」之稱，水路開闢了遊覽船觀光線供遊客周遊。松江市四周松樹茂密，寧靜古樸的街道與縱橫交錯的小橋河水，彷彿時空仍停留在過往的出雲國，古城風貌讓人倍感祥和，散發幽古情懷。

▲ JR松江車站「松江觀光案內所」

|MAP| 松江市區環城巴士圖

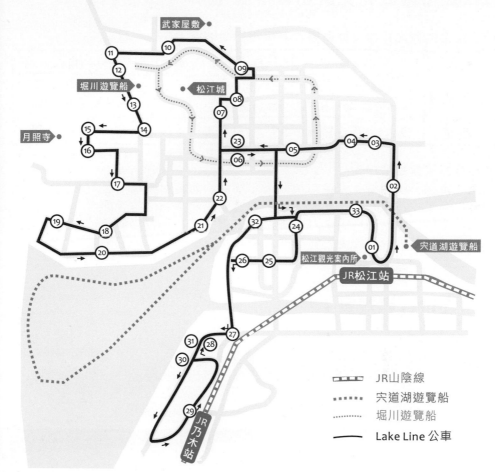

① 松江站　② 島根縣立產業交流會館前　③ Kunibiki停車場　④ 鍛治橋　⑤ 榮橋

⑥ 京橋　⑦ 松江城(大手前)　⑧ 大手前堀川遊覽船碼頭　⑨ 塩見繩手　⑩ 小泉八雲紀念館

⑪ 堀川遊覽船碼頭　⑫ 堀川遊覽船碼頭西入口　⑬ 窯田町　⑭ 四十間堀川　⑮ 月照寺前

⑯ 清光院下　⑰ 松江宍道湖溫泉站　⑱ 千鳥町　⑲ 福祉中心前　⑳ 千鳥南公園

㉑ 宍道湖大橋北站　㉒ 須衛都久神社前　㉓ KARAKORO工房前　㉔ 大橋南站

㉕ 天神町中央　㉖ 灘町　㉗ 縣立美術館前　㉘ 夕日公園　㉙ 宍道湖前　㉚ 嫁島西

㉛ 嫁島　㉜ 魚町　㉝ 宍道湖遊覽船碼頭

■ 松江市內觀光交通配套措施 ■

松江市區的觀光行程：外觀復古的環城巴士Lake Line

時間	4~9月	3月、10月、11月	12~1月
發車間隔	08:40~17:00 每20分鐘發一班車	08:40~16:00 每20分鐘發一班車	08:40~16:10 每20分鐘發一班車
票價	成人200円、孩童100円 / 1日乘車券：成人500円、孩童250円		

＊以上資料時有異動，以現場或官方最新公告為準。

運行路線與景點順序：
JR松江車站→松江城（大手前）→大手前堀川遊覽船乘場、歷史館前
→塩見繩手→小泉八雲記念館前→堀川遊覽船乘場→月照寺前
→松江宍道湖溫泉駅→千鳥町→千鳥南公園→卡拉考拉工藝館前
→縣立美術館前→宍道湖遊覽船乘場→JR松江車站

(http) 發車時刻表查詢：matsue-bus.jp/lakeline

■ 松江市行程規畫 ■

特色景點一日遊：由志園→松江城→堀川遊覽船→塩見繩手→宍道湖夕陽
市區散策路線：探訪松江城天守閣→乘坐堀川遊覽船→漫步塩見繩手街道
　　　　　　　→松江歷史館→武家屋敷→城山稻荷神社→田部美術館
　　　　　　　→小泉八雲記念館前→小泉八雲故居（約4個小時）
遊宍道湖：由JR松江車站徒步5分鐘前往宍道湖遊覽船乘場

▲ 城山稻荷神社
　由藩主松平直政所請來供奉的神社

▲ 田部美術館
　擺放田部家族的收藏品　特別是茶道器具

松江歷史館

　　為了完善保存松江的歷史遺產與珍貴文化風貌，增進大眾對於松江歷史背景的了解，圍繞著松江城有一松江歷史館，陳列各種影像資料和模型，是挖掘旅遊樂趣的好地方，館內亦有枯山水的日式庭園，以及咖啡廳可以享用和菓子套餐，在此小憩看著泛舟遊客與高聳的松江城，消除旅途疲憊。

✉ 島根縣松江市殿町279番地

🕐 08:00～18:30（4～9月）/ 08:30～17:00（10～3月）

💲 510円

❶❷松江歷史館

宍道湖

　　「宍」發音同肉，宍道湖是淡水和海水摻雜的鹹水湖，周長45公里，為日本第七大湖，魚產豐富。夕陽西下的落日景色更是漂亮。感受松江的水都風情，落日航程最受歡迎，宍道湖落日也被選為日本夕陽百景之一，用1個小時搭乘宍道湖觀光遊覽船「白鳥號」（hakuchou），可以遊覽宍道湖上的美麗夕陽，最後一班落日觀光船尤為受歡迎，是只有水之都松江才有的獨家行程。

宍道湖觀光遊覽船

➡ 從JR松江車站前步行約10分鐘即抵乘船處

🕐 11:00～17:00，每90分鐘出航一班

💲 1,000円

❗ 冬季平日只接受團體預約

📺 松江城

堀尾吉晴在關原之戰後為尋找適合的領地，將城池遷移至松江，花了5年的時間於1611年建立了松江城，而後德川家康孫子松平直政亦遷風至此，由松平氏歷經234年10代君主統領出雲國。

松江城內部為6層結構，因屋簷呈現優美的飛鳥展翅狀，又稱千鳥城，是日本現存12座天守閣之一，也是日本規模第二大的天守閣，歷史悠久年代排名第四位。外牆大部分為黑而厚的雨淋板覆蓋，完整保留莊重氣息的古代武士風格，如同其他城牆的古式工法，松江城由天然石頭堆砌而成，看似不整齊的堆疊，實則牢固堅實，是山陰地區唯一保存完整的天守閣，同時被指定為國家重要文化財，堪稱松江市的地標。

經由城內陡峭的木梯爬上天守閣，站在最高層俯瞰護城牆、箭孔及落石口，遙想幾百年前的實戰境況，彷彿置身江戶時代的日本，藉由城堡的設計也傳達了雄偉壯大的建築風格；同時，也可以360度俯視松江市全景，春天茶花和櫻花美麗盛開，成為古都松江的象徵。

➡️ JR松江車站搭乘巴士10分鐘，
在「大手前」下車，步行5分鐘

✉️ 島根縣松江市殿町1-5

🕐 本丸庭園入場時間：07:00〜17:30（4〜9月）
08:30〜17:00（10〜3月）
天守閣登閣時間：08:30〜18:30（4〜9月）
08:30〜17:00（10〜3月）

💲 天守閣門票：550円

❶〜❹ 各種角度的松江城

📷 堀川護城河

　　以小舟穿梭古都風情是松江之旅不可錯過的體驗。堀川護城河環繞松江城，乘舟感受松江城下町令人懷念的昔日風采，跨越築城400年後仍存留的自然樹林，盡情飽覽護城河沿途美景與眾多樣貌。船夫一邊掌舵，一邊沿途導覽松江歷史景點，全程穿過16座各具個性的小橋，船頂不只遮陽避雨，經過橋下時會更自動降下，旅客也必須跟著壓低身體，略帶幾分驚喜感受。寒冷的冬天還會提供日式暖爐桌！

堀川遊覽船時刻表

期間	始發	最終班	每班間格
3月1日～6月30日	09:00	17:00	15分
7月1日～8月31日	09:00	18:00	15分
9月1日～10月10日	09:00	17:00	15分
10月11日～11月30日	09:00	16:00	15分
12月1日～2月末	09:00	16:00	20分

＊以上資料時有異動，以現場或官方最新公告為準。

➡ 搭乘地點（三處渡船口）：
松江堀川FUREIAI廣場
卡拉可羅(KARAKORO)廣場
大手前廣場

🕐 簡易行程約30分鐘

💲 大人1,230円，孩童610円
外國觀光客出示護照：大人820円，孩童410円

5️⃣6️⃣ 護城河遊船 / 7️⃣8️⃣ 松江城內

📷 塩見繩手

塩見繩手街道 ▲

塩見繩手指的是沿松江城旁北堀川城下町的一條街道，全長約500公尺，因如同繩子一般直鋪向前的道路而稱為「繩手」，這裡匯聚江戶時期擁有年收入600石土地的中級武士居住的地方，當中有一武士塩見小兵衛因脫穎而出升任進職，為讚頌他而將此道路命為塩見繩手，列為松江傳統景觀保存地區，以及「日本道路100選」。街道旁古松並肩而立，與堀川的清澈流水互相輝映，環境幽雅，古意盎然。順著街道可入內參觀武家屋敷、田部美術館、小泉八雲紀念館、松江歷史館等眾多古蹟。

📷 小泉八雲故居

小泉八雲故居 ▲

小泉八雲（Koizumiyagumo）本名為羅夫卡迪奧‧漢恩（Lafcadio Hearn），1850年生於希臘，父親是愛爾蘭人，母親是希臘人。小泉八雲原為新聞記者，1890年至日本採訪，後受聘為島根縣中學的英語教師，1891年與武家之女結婚之後，夫婦2人住進武家屋敷，在此生活了5個月。小泉八雲熱愛松江風土人情，發揮敏銳觀察，擅長以優美文字描繪松江傳統文化的生活情景，認為松江蘊含豐富的大和之美，是日本美麗影像的縮影。故居內完整保留了小泉夫婦當時的生活概況，特別是小泉本人所喜歡的可眺望庭園的房間。

➡️ 從JR松江站乘坐巴士，在「小泉八雲紀念館前」下車即到

✉️ 島根縣松江市北堀町315

🕐 08:30～17:00（4月～9月）/08:30～17:30（10月～3月）

💲 外國人優惠350円

📷 小泉八雲紀念館

與小泉八雲故居相比鄰，1933年小泉後代將其生前用品捐贈松江市，這棟木製結構的和式平房收藏了小泉八雲將松江介紹給全世界的創作書稿、遺作，以及平日愛用的書桌、煙斗等遺物等，從大約1,000件收藏品中選出約200件展示，重現小泉先生生前寫作的情景。

➡️ 從JR松江站乘坐巴士，在「小泉八雲紀念館前」下車即到

✉️ 島根縣松江市奧殼町322

🕐 08:30～18:30（4月～9月）/08:30～17:30（10月～3月）

💲 外國人優惠300円

❶～❹ 武家屋敷內外展示

🖥 武家屋敷

　　約270年前松江藩的中級武士曾居住過的宅邸，此間屋敷在1733年歷經大火燒毀而重建，至今依然保存完好，是松江市的傳統文化保留區。陳列眾多著刀具架、頭盔鎧甲、漆牙的家具等當時的生活用具。玄關與客廳部分氣派寬敞，私人起居房間的建材則頗為簡樸，兩者形成鮮明的對比，由此可見武士公私分明，與貴族階級截然不同的生活方式。

　　入口長屋門是僕人的住居，也是此屋敷的特點之一。庭院建置裝飾簡單樸素，卻也充分展現自然生機、剛健的武家風格。

➡ 從JR松江站乘坐巴士15分鐘，在「鹽見繩手」下車即到

✉ 島根縣松江市北堀町305

🕐 08:30～18:30（4～9月）/ 08:30～17:00（10～3月）

💲 外國人優惠150円

知識
錦囊　**八雲漆器**

　　由古時松江藩主御用漆器設計師所設計的傳統工藝品，特點是經過多次加工的塗漆會隨著時間的流逝而越顯透明，更凸顯漆上彩繪的鮮豔繽紛，這樣滑利潤澤感的漆器象徵松江傳統技藝的發達與驕傲。

📺 由志園

　　位於大根島占地1萬坪的迴游式庭院，鮮花四季美麗盛開，這裡是日本第一的牡丹苗產地，因此牡丹花尤為漂亮，特別以多達250種的牡丹花引以為傲。大庭園裡處處可見花朵繽紛的色彩，沈浸在花香中，讓人感到無比幸福。環繞寬廣的池林泉湧，綠意滿盈的山水庭園，小橋、鋪石、庭木等，陳列出日式庭園的風雅別致，別出心裁，適合放慢腳步駐足觀賞，拍張照片留下美麗的記憶。

　　在園內「牡丹館」可以一年四季觀賞碩大的牡丹花，「牡丹館」是由世界知名的庭園設計師石原和幸所規畫建造，有「綠意魔法師」之稱，推薦前來此處感受設計者融合綠苔與牡丹的獨特創作。

❶ ～ ❸ 由志園日式庭園造景

　　出雲又稱雲州，自江戶時代起，大根島就是牡丹與雲州人蔘的產地，最初是由松江第七代藩主松平治鄉為了重振財政所開始的，時至今日因優良品質而流傳下來。在由志園裡可以看到百年歷史的傳統植栽風景，享用精心栽種的人蔘茶與人蔘咖啡。

　　清靜幽雅的茶房「一望」庭院景致，人生好不愜意。使用高麗人參與當季材料做成的日本料理很受歡迎。

➡ 從JR松江車站9號乘車處坐一畑巴士約25分鐘，到「由志園」下車
　　松江城乘車處位於縣民會館對面，車資700円

✉ 島根縣松江市八束町波入1260-2

🕐 08:30～17:30（3月～10月）/ 08:30～17:00（11月～2月）

💲 外國觀光客優惠800円

http www.yuushien.com

❶ ～ ❻ 由志園牡丹花館、「一望」茶館與人參咖啡

▲ 由志園入口標示

▲ 館內販售各類牡丹花飾品

■ 由志園交通方案 ■

前往由志園巴士時刻表

前往由志園方向					前往JR松江車站方向			
松江城	JR松江車站	由志園	JR境港車站		JR境港車站	由志園	JR松江車站	松江城
＼	08:35	09:00	09:16		09:30	09:46	10:11	10:26
09:15	09:25	09:50	10:06		10:30	10:46	11:11	11:26
＼	10:40	11:05	11:21		11:40	11:56	12:21	12:36
＼	10:40	＼	11:20		12:30	12:46	13:11	13:26
11:25	11:35	12:00	12:16		13:25	＼	14:05	＼
12:05	12:15	12:40	12:56		14:00	14:16	14:41	14:56
＼	13:05	＼	13:45		15:00	15:16	15:41	15:56
13:40	13:50	14:15	14:31		16:00	16:16	16:41	16:56
14:40	14:50	15:15	15:31					
＼	16:25	16:50	17:06					

＊以上資料時有異動，以現場或官方最新公告為準。

＊以上資料時有異動，以現場或官方最新公告為準。

JR松江車站往返由志園車程時間表

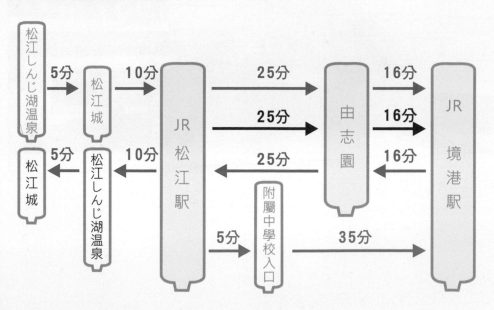

出雲市 | Izumo

　　出雲市位於島根縣的中東部地區，出雲大社是日本著名神社之一，被稱為神話的夢幻舞台。位於日本西部日本海側的出雲地區，是擁有悠久歷史與獨特文化的神聖區域，該區礦產資源十分豐富，古時曾大力發展鑄造日本刀的腳踏風箱製鐵技術。其周邊坐落風景秀麗的宍道湖、傳統日式溫泉等。日本古時曆法稱10月為神無月，乃因全國神明於10月皆聚集於此，出雲地區則反之將其稱為神在月。

❶ JR出雲車站 / ❷ ❸ 車站正門口，觀光巴士購票乘車處

|MAP| JR出雲車站周邊景點方位示意圖 |

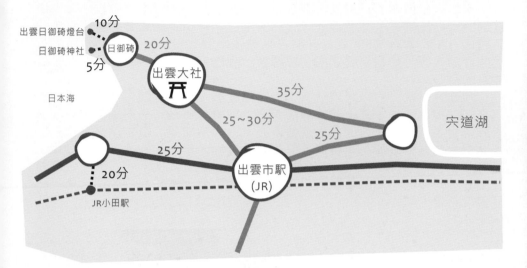

出雲日御碕燈台　10分

日御碕神社　日御碕　20分

5分

出雲大社

日本海

35分

25~30分

25分

宍道湖

25分

出雲市駅
(JR)

20分

JR小田駅

至「出雲大社」、「日御碕」乘車方式

- ✉ 搭乘地點：JR出雲市車站前
- 🕐 JR出雲市車站首發車為6:30；由日御碕回程末班車時間為19:22。每半小時整點發一班車
- 💲 至「出雲大社」500円；至「日御碕」1000円
- http 一畑巴士時刻表查詢：www.ichibata.co.jp/bus/rosen/taisha.html
- ❗ JR出雲市車站觀光案內所索取巴士時刻表。

|MAP| 出雲市觀光巴士路線圖 |

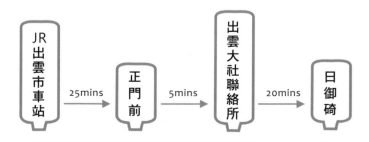

JR出雲市車站 —25mins→ 正門前 —5mins→ 出雲大社聯絡所 —20mins→ 日御碕

🔲 出雲大社

　　這是一座供奉著以結緣之神而有名大國主神的神社。正殿按照日本最古老的神社風格「大社教神社樣式」而建造，被指定為國寶。據說每年的農曆10月，日本全國800萬的神明會聚集在出雲大社，針對男女姻緣大事召開會議，商討如何為百姓撮合好姻緣，因此這裡又稱為「神在月」，有神在的月分。

　　因此島根縣自古以來被稱為「緣之國度」。此時，縣內各地會積極展開熱鬧的酬神活動，獻上傳統藝能神樂以感謝神明長年來的庇佑，將靈驗的神蹟生生不息，一代一代地流傳下去。也因為如此，自古以來對緣分格外珍惜的島根縣來說，也會誠心祈禱到此遊玩的旅人能夠獲得佳玉良緣。而每年來自世界各地的觀光客亦是絡繹不絕，祈求姻緣、工作等各種緣分，有了神明的恩惠加持，祝福你能夠遇到生命中那美好的邂逅，來「緣之國度」走走吧！

|MAP| 出雲大社配置圖

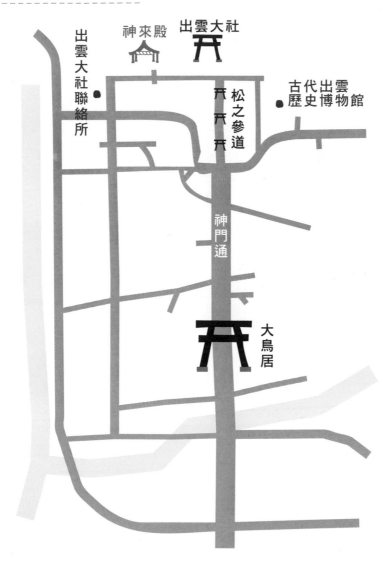

出雲大社聯絡所

神來殿

出雲大社

松之參道

古代出雲
歷史博物館

神門通

大鳥居

年紀輕輕卻強而有力 法力無邊的強大神威

出雲大社供奉出雲神話的主角大國主大神,以緣結之神名揚內外,所有良緣皆集結於此,平成28年進行「平成大遷宮儀式」。遷宮指的是社殿整修或改建時,將神像或神座暫時遷至他處,據說藉此可讓神明恢復神力。出雲大社的「平成大遷宮」預計進行到平成28年(2016年)3月,遷宮範圍不只禦本殿,包括境內、境外的攝社或是末社等,以替換屋簷為重心進行整修工程。平成25年(2013年)間,耗時5年的禦本殿修繕工程告一段落,並舉行「禦本殿遷座祭」,將禦本殿正式歸還大國主大神。距離上次在昭和28年(1953年)的「昭和大遷宮」已60年之久,許多參拜者前來見證這難得一見的盛事。

■ 神樂殿 ■

神樂殿的注連繩有5噸重,居日本之首,注連繩是一條以稻草綑綁的巨大繩索,用此表示神之仙界與人世間的界線。

從古至今 人神交會的城鎮一

　　古書記載出雲大社的歷史非常悠久，只要越接近出雲大社周圍，就越能感受到強烈的能量。或許在你悠閒遊走在門前町、博物館或是壯麗自然美景的同時，就能與諸位神明來個美麗的邂逅。

■ 松之參道 ■

　　朝著成排並列的松樹緩緩前進，就能稍稍看見銅之鳥居以及鳥居對面的拜殿與禦本殿。據說參道的正中央是神明的走道，可要抬頭挺胸，端正的踏出每一步喔！

■ 出雲大社正殿 ■

　　現在的正殿建於1744年，殿高24公尺，1952年指定為國寶建築。揭開高聳入雲的大神殿神祕面紗，小泉八雲亦曾說過，出雲是一神話之國，屋脊高聳入雲的正殿威嚴寂靜，加上大社周圍的八雲山一直到彌山的茂密森林所散發的生命氣息，使得旅客彷彿也深深感受到神明就在左右。

■ 禦本殿大屋簷 ■

　　大屋簷面積約180坪，檜木皮的厚度約1公尺，這次的修繕換上約70萬枚新的檜木皮，看起來更加漂亮且平整，另外也使用「瀝青上漆」之特殊塗裝方法，在千木、勝男木、棟飾的銅版塗上瀝青。

旅行小抄

出雲大社的參拜方式

　　一般神社的參拜法是「二鞠躬、二拍手、一鞠躬」，出雲大社採用的是「二鞠躬、四拍手、一鞠躬」的方式。

步驟：

1. 在神明面前將銅板丟進錢箱
2. 鞠躬2次
3. 拍手4次
4. 合掌祈願
5. 鞠躬辭謝離開

參拜前會經過四個鳥居：

1. 穿過神門通高達23公尺的大鳥居
2. 正門鳥居
3. 雙手合十祈願，走過松樹林立的參道鳥居
4. 最後到達拜殿前的銅鳥居，進入後方正殿參拜

📷 出雲大社門前町

　　出雲大社前的神門大街是一條熱鬧的商店街，在這迎神大道上，店家將花插入竹筒裡作為房屋的裝飾用途，以真誠的心歡迎每一位到訪的遊客。各式結緣小物以及精美伴手禮皆可在此挖到寶，是這裡必逛景點之一，一定要品嘗獨特的出雲地區三段式吃法的蕎麥麵，出雲蕎麥麵是用帶穀帶皮的蕎麥子碾製而成，因富有嚼勁，色澤濃郁和香氣四溢而出名，傳統稱為割子蕎麥麵的出雲流吃法，是將煮熟的蕎麥麵用冷水快速冷卻後，盛放在三層重疊的紅色漆器容器裡，再依自己的喜好淋上調味料或湯料來食用，這樣才能品嘗出雲才有的正宗美味。

知識錦囊

出雲紅豆年糕湯

　　是一種將煮好的紅豆湯加入年糕的甜品。起源於出雲地區的「神在年糕」，傳說是每年農曆10月神明聚會的款待之物。

➡️ JR出雲市站門口搭乘一畑巴士「出雲大社‧日御碕」方向，約25分鐘至「正門前」下車，徒步即到，車資500円

✉️ 島根縣出雲市大社町杵築東195

🕐 06：00～20：00（3月～10月）/06：30～20：00（11月～2月）

💲 入內參拜免費

🖥 神門通招待所

　　大社周邊的情報就交給它吧！位於神門通廣場前的觀光服務中心「神門通招待所」，提供縣內廣域齊全又詳細的觀光小冊子，同時也是出雲大社參拜定期導覽的出發點。

✉ 島根縣出雲市大社町杵築南780-4

🕐 09:00～17:0

🈺 年中無休

🌐 Sanin.jp/site/page/saninmap/6906

🖥 島根縣立古代出雲歷史博物館

　　座落於出雲大社旁的「島根縣立古代出雲歷史博物館」，珍藏許多古代出雲國的遺跡，見證出雲的過往歷史，2樓的空中走廊還可以遠眺出雲大社的風景呢！這裡專門介紹島根縣全區的歷史與文化，常設展出從出雲大社出土的巨大宇豆柱、荒神穀，還有加茂岩倉遺跡出土的大量青銅器，企劃展也是不容錯過的必看之處。

➡ JR出雲市站門口搭乘一畑巴士「出雲大社・日御碕」方向，約25分鐘至「出雲大社前站」下車，徒步5分鐘即到，車資500円

✉ 島根縣出雲市大社町杵築東99番地4

🕐 09:00～18:00（3～10月）/09:30～17:00（11～2月）

🈺 每月第三個星期二

💲 外國人優惠300円

❶ ❷ 神門通商店街
❸ 3層重疊蕎麥麵

🖥 和風站舍

　　從明治45年開業到平成2年JR大社線廢止，舊大社站一直以「通往出雲大社的玄關」的角色而存在。站舍是純日本風的木造平房建築風格，以和風站舍的最高傑作之名，被指定為國家重要文化財。

➡ JR出雲市車站轉搭一畑電車，至「出雲大社前站」下車，步行約13分鐘
　JR出雲市車站轉搭一畑巴士，往「出雲大社・日御碕・宇竜」方向，至「JR舊大社駅」下車，步行約1分鐘

✉ 島根縣出雲市大社町北荒木441-3

🕐 09:00～17:00

💲 免費

🌐 www.izumo-kankou.gr.jp/4609

📷 日御碕燈塔

　　日御碕燈塔矗立在島根半島西邊，指向日本海突出的海角，是日本最高的石造燈塔，遠望日本海的斷崖殘壁上，可以沿海岸線看到變化豐富的地形，奇岩和絕壁連綿不絕，沿著步行道向北走，小路縱橫交錯，那雪白高聳的燈塔立即映入眼簾。爬上螺旋式樓梯，登上最頂端的瞭望台，放眼望去，彷彿整個人都被那無邊無際的大海與天空給吸了進去。

　　奇岩絕壁綿延不斷的旅遊勝地，黑尾鷗的繁殖地而聞名。位於日御碕國家公園的頂端矗立高43.65公尺的白色石造燈塔，也是日本最高燈塔，入選「世界燈塔100選」。

▲ 遠眺燈塔

▲ 遠眺燈塔

▲ 通往燈塔的商家林立

|MAP| 日御碕景點位置圖

■出雲日御碕燈台

P P

■日御碕神社

P P

➡ 1.從JR出雲市站出發乘坐一畑巴士，開往「出雲大社．日禦碕」方向，在日禦碕站下車，車程約45分鐘，車資約1,000円

2.從出雲大社聯絡所搭車，在「日禦碕」站下車，約20分鐘，車資520円

✉ 島根縣出雲市大社町日御碕

🕐 09:00～16:30

💲 200円，兒童免費

❶~❸ 神社入口鳥居與正殿

📷 日御碕神社

　　神社最初是奉德川家光之命而建造的，作為江戶時期的珍貴建築而被指定為日本重要文化財，特色在於正殿處將龍虎、鶴龜及松竹梅等雕刻，描繪地栩栩如生。

　　位於出雲市西邊的KIRARA多伎道之驛，也就是設置於公路旁的休息服務站，靠近JR小田站，是山陰地區相當知名的人氣景點。

　　有海水浴場可以滿足徜徉於日本海的體驗，更可以欣賞遼闊的日本海，海洋美景盡收眼底，北歐風格建築亦相當特別。

作　　　者	李思嫻	
攝　　　影	蔡育岱	
設　　　計	楊士瑤	

總　編　輯	張芳玲
發想企劃	taiya旅遊研究室
編輯室主任	張焙宜
主責編輯	張焙宜
特約編輯	鄧鈺澐
日文校對	梁瑩騏

太雅出版社
TEL：(02)2882-0755　FAX：(02)2882-1500
E-MAIL：taiya@morningstar.com.tw
郵政信箱：台北市郵政53-1291號信箱
太雅網址：http://www.taiya.morningstar.com.tw
購書網址：http://www.morningstar.com.tw
讀者專線：(04)2359-5819　分機230

出 版 者　太雅出版有限公司
　　　　　台北市11167劍潭路13號2樓
　　　　　行政院新聞局局版台業字第五四號

法律顧問　陳思成　律師

印　　刷　上好印刷股份有限公司　TEL：2315-0280
裝　　訂　東宏製本有限公司　TEL：(04)2452-2977

初　　版　西元2017年01月10日
定　　價　330元
(本書如有破損或缺頁，退換書請寄至：台中市工業30路1號　太雅出版倉儲部收)

ISBN　978-986-336-151-0
Published by TAIYA Publishing Co.,Ltd.
Printed in Taiwan

編輯室：本書內容為作者實地採訪資料，書本
發行後，開放時間、服務內容、票價費用、商
店餐廳營業狀況等，均有變動的可能，建議讀
者多利用書中網址查詢最新的資訊，也歡迎實
地旅行或居住的讀者，不吝提供最新資訊，以
幫助我們下一次的增修。
聯絡信箱：taiya@morningstar.com.tw

國家圖書館出版品預行編目(CIP)資料

旅戀日本岡山附山陰地區：悠遊桃太郎故鄉 /
李思嫻文字及攝影.
——初版.——臺北市：太雅，2017.01
面；　公分.——(世界主題之旅；103)
ISBN 978-986-336-151-0(平裝)

1.自助旅行 2.日本岡山縣
731.7659　　　　　　　　　　105021506

這次購買的書名是：

旅戀日本岡山：附山陰地區 (世界主題之旅103)

＊01 姓名：＿＿＿＿＿＿＿＿＿＿＿＿＿＿＿　性別：□男 □女　生日：民國＿＿＿＿ 年

＊02 手機(或市話)：＿＿＿＿＿＿＿＿＿＿＿＿＿＿＿＿＿＿＿＿＿＿＿＿

＊03 E-Mail：＿＿＿＿＿＿＿＿＿＿＿＿＿＿＿＿＿＿＿＿＿＿＿＿＿＿

＊04 地址：□□□□□＿＿＿＿＿＿＿＿＿＿＿＿＿＿＿＿＿

＊05 你選購這本書的原因

　1. ＿＿＿＿＿＿＿＿＿＿　2. ＿＿＿＿＿＿＿＿＿＿　3. ＿＿＿＿＿＿＿＿＿＿

06 你是否已經帶著本書去旅行了？請分享你的使用心得。

＿＿＿＿＿＿＿＿＿＿＿＿＿＿＿＿＿＿＿＿＿＿＿＿＿＿＿＿＿＿＿＿

＿＿＿＿＿＿＿＿＿＿＿＿＿＿＿＿＿＿＿＿＿＿＿＿＿＿＿＿＿＿＿＿

＿＿＿＿＿＿＿＿＿＿＿＿＿＿＿＿＿＿＿＿＿＿＿＿＿＿＿＿＿＿＿＿

＿＿＿＿＿＿＿＿＿＿＿＿＿＿＿＿＿＿＿＿＿＿＿＿＿＿＿＿＿＿＿＿

＿＿＿＿＿＿＿＿＿＿＿＿＿＿＿＿＿＿＿＿＿＿＿＿＿＿＿＿＿＿＿＿

很高興你選擇了太雅出版品，將資料填妥寄回或傳真，就能收到：1. 最新的太雅出版情報／2. 太雅講座消息／3. 晨星網路書店旅遊類電子報。

填問卷，抽好書 (限台灣本島)

凡填妥問卷(星號＊者必填)寄回、或完成「線上讀者情報上傳表單」的讀者，將能收到最新出版的電子報訊息，並有機會獲得太雅的精選套書！每單數月抽出10名幸運讀者，得獎名單將於該月10號公布於太雅部落格與太雅愛看書粉絲團。

參加活動需寄回函正本(恕傳真無效)。活動時間為即日起～2018／06／30

以下3組贈書隨機挑選1組

放眼設計系列2本　(隨機)

手工藝術學系列2本　(隨機)

黑色喜劇小說2本

太雅出版部落格
taiya.morningstar.com.tw

太雅愛看書份絲團
www.facebook.com/taiyafans

旅遊書王(太雅旅遊全書目)
goo.gl/m4B3Sy

線上讀者情報上船表單
goo.gl/kLmn6g

填表日期：＿＿＿＿年＿＿＿＿月＿＿＿＿日

（請沿此虛線壓摺）

廣	告	回	信
台灣北區郵政管理局登記證			
北 台 字 第 1 2 8 9 6 號			
免	貼	郵	票

太雅出版社 編輯部收

台北郵政53-1291號信箱

電話：(02) 2882-0755

傳真：(02) 2882-1500

（若用傳真回覆，請先放大影印再傳真，謝謝！）

（請沿此虛線壓摺）

太雅

太雅部落格 http://taiya.morningstar.com.tw

有 行 動 力 的 旅 行 ， 從 太 雅 出 版 社 開 始

（請沿此虛線裁剪）